KB274166

당신이 만들면 다릅니다

당신이 만들면 다릅니다

당신이 만들면 다릅니다

저자_ 박찬원

1판 1쇄 인쇄_ 2009. 1. 23.
1판 2쇄 발행_ 2009. 2. 23.

발행처_ 김영사
발행인_ 박은주

등록번호_ 제406-2003-036호
등록일자_ 1979. 5. 17.

경기도 파주시 교하읍 문발리 출판단지 515-1 우편번호 413-756
마케팅부 031)955-3100, 편집부 031)955-3250, 팩시밀리 031)955-3111

값은 표지에 있습니다.
ISBN 978-89-349-3318-2 03320

독자의견 전화_ 031) 955-3200
홈페이지_ http://www.gimmyoung.com
이메일_ bestbook@gimmyoung.com

좋은 독자가 좋은 책을 만듭니다.
김영사는 독자 여러분의 의견에 항상 귀 기울이고 있습니다.

IT'S YOU

who make a

DIFFERENCE

한국형 그레이트 마케터 1호 박찬원의 가슴 뛰는 일과 성공 이야기

당신이 만들면 다릅니다

박찬원 지음

김영사

나온다"를 비롯해 현장에 있는 후배들이 반드시 새겨야 할 살아있는 교훈들이 가득한 이 책이 많은 마케터들에게 큰 동기부여가 되길 바란다.

이수창 삼성생명 사장

■■ 반짝하는 기교를 마케팅의 전부라고 생각하는 사람에게는 절대 권하고 싶지 않다. 가슴과 머리와 발로 한국적 마케팅 현장을 누빈 저자의 진솔한 마케팅 이야기를 평생 존경받는 마케터로 살아가길 꿈꾸는 사람에게 꼭 권하고 싶다.

김낙회 제일기획 사장

■■ 한 숨에 다 읽어 버렸다. 경영이라는 자못 딱딱한 주제를 다뤘음에도 진한 감동이 느껴졌기 때문이다. 따뜻한 온기가 느껴지는 살아있는 저자의 이야기는 마케팅 원칙과 사례가 함께 녹아 있어 실천의 불을 붙이는 힘이 있다. 벌써 여러 권의 책을 냈어야 하는 마케팅 최고의 구루가 최초로 내놓은 역작답다.

김진수 CJ 제일제당 사장

■■ 저자는 내가 존경하는 진정한 마케팅의 달인이다. 치열한 현장경영을 통해서만 얻을 수 있는 마케팅의 귀한 노하우를 온몸으로 익혔을 뿐아니라, 평생 동안 참으로 열심히 학습했다. 그리하여 마케팅학자들도 모르는 무수한 암묵지(implicit knowledge)와 최신 마케팅이론에 모두 정통한 마케팅 거목이 되었다. 그의 소중한 경험과 통찰, 그리고 지식의 정수가 담겨 있는 이 책이 우리 시대의 큰 보배로 자리매김하길 바란다.

유필화 성균관대학교 SKK GSB 부학장, 전 한국마케팅학회 회장

■■ 한국적 마케팅이란 바로 이런 것임을 가슴으로 느끼게 한다! 우리나라 마케팅 역사의 중요한 지점에 있던 저자가 직접 전하는 현장의 이야기가 담겨 있는 이 책은 다른 어떤 경영서보다 상세하고 생동감 있게 마케팅의 모든 것, 성공하는 인생의 모든 것을 전한다. 내가 읽어 본 마케팅 관련 책 중에 가장 유용한 책이다. 많은 젊은이들, 특히 학생들이 반드시 읽기를 바란다.

홍성태 한양대학교 경영학부 교수

전략이 성공하려면 마음을 담아야 한다

나는 지난 38년 동안 마케팅 현장에서 살았다. 현장에서 생각하고 현장과 함께 호흡했다. 마케팅만큼 내 가슴을 뛰게 하는 것이 없었다.

내가 마케팅에 입문했던 1971년 당시는 마케팅이란 용어가 무척 생소했다. 국내에 소개된 마케팅 책도 거의 없어 외국 책이나 잡지에서 아이디어를 구했고 외국 기업 사례를 벤치마킹했다. 그것으로도 부족하면 직접 소비자를 만나 이야기하고 전략을 세웠다. 나의 손을 거치는 제품이 소비자들에게 오래도록 사랑받게 하기 위해 정말 많은 노력과 열정을 쏟아 부었다. 그리고 그 일은 나에게 세상에서 가장 신나는 일이었다.

미원이라는 강력한 브랜드와 맞붙은 미풍을 시작으로 지구를 10바퀴 반 이상 돌만큼의 분량이 판매된 다시다, 신개념 스포츠 음료 게토레이까지 식품과 음료, 생활용품 마케팅에 뛰어들어 치열한 경쟁에서 살아남기 위한 방법들을 배울 수 있었다. 그리고 자동차, 화장품 등의 마케팅과 가전, 휴대폰 서비스도 맛보며 전략의 큰 그림을 완성해 나갔다. 뿐만 아니라 삼성소비자문화원, 삼성전자서비스, 성균관대학교에서 고객만족, 서비스, 공익 마케팅을 체험하며 그동안 쌓아왔던 마케팅의 영역을 보다 깊고 넓게 확장할 수 있었다. 한편 이건희 회장이 신경영으로 세상을 깜짝 놀라게 할 때, 삼성그룹회장 비서실 팀장으로 그 현장에 참여하는 행운을 누리기도 했다.

이 모든 과정 속에서 나는 꾸준히 성장했고, 일하는 것이 곧 공부였다. 그리고 그 힘으로 지금까지 줄곧 한 길을 달려올 수 있었다.

이렇듯 나는 마케팅 이론가가 아닌 현장에서 발로 뛴 마케터이다. 그래서 이론으로 정립된 전략이나 구조화된 도표를 제시하는 대신, 38년 동안 직접 실행했던 사례들과 그 속에서 발견한 나만의 철학과 교훈들을 이 책에 담았다. 페이지마다 책상머리에 앉아만 있었다면 절대 꺼낼 수 없는 생생한 이야기들이 가득하다. 비록 한 개인의 경험이지만 한국 마케팅의 살아있는 역사이기도 해 마케팅 변천사를 이해하는 데도 도움이 될 것이다.

지난 시간을 되짚어보니 마케팅을 하면서 최초로 시도한 것이 많았다. 새로운 마케팅 조사 기법의 도입, 광고 중계방송,

텔레비전 광고 동시녹음, 비교 광고, 최장수 제품 전속모델, 서비스의 시스템화, 새로운 판촉 기법 등 끊임없이 새로운 길을 개척했다. 그러면서 소비자의 마음을 좀더 치밀하게 파악할 수 있었고, 효과적인 커뮤니케이션 방법이 무엇인지, 긴 호흡으로 승부하는 마케팅이 무엇인지 터득할 수 있었다.

앞서 길을 간 선배로서 후배들에게 수십만 시간의 경험을 쉽고 간결하면서도 깊이 있게 전달하기 위해 노력했다. "마케팅이란 무엇인가"라는 근본적 질문에 대한 해답은 물론, 마케터의 자세와 자기 관리에 대한 여러 생각들도 담았다. 브랜드, 제품, 가격, 유통, 프로모션 등 마케팅의 핵심 요소에 대한 견해들도 정리해 보았다. 한편 충분히 뜻을 펼치지 못한 경험들도 꺼내보며 이렇게 해야 했던 것이 아닌가 하는 아쉬움도 쏟아냈다. 모두 사랑하는 후배들이 시행착오를 줄이고 현장에서 바로 문제를 해결할 수 있도록 하기 위해서다.

숨 가쁜 현장이 있고, 뜨거운 열정과 치열한 고민을 담은 이 책은 온갖 전략이 넘쳐나는 21세기에 마케팅의 기본을 되새기는 데 작게나마 도울 것이다. 또한 위기에 흔들리지 않는 뿌리 깊은 마케터로 자리매김하는 데 힘이 되었으면 한다.

전략이 성공하려면 마케터의 혼이 담겨야 한다. 사람에 대한 애정이 없는 마케팅은 죽은 마케팅이고 따라서 소비자의 마음을 얻지 못한다. 이것이 내가 긴 시간 현장에서 배운 가장 핵심적인 교훈이자 아무리 강조해도 지나치지 않은 마케팅 진리다.

여기에 제시된 사례들은 내가 근무했던 회사와 그 동료들과 함께 만든 작품이다. 그들과 함께 울고 웃으며 보고 느끼고 체험한 것을 나의 시각으로 정리한 것이다. 함께 한 상사, 동료, 후배들의 공로를 대표하는 것 같아서 송구하다. 나를 키워준 삼성과 제일제당, 코리아나 화장품에 감사드린다. 또한 출판을 도와준 박은주 사장님을 비롯한 김영사 관계자 여러분과 글 작업을 도와준 한영희 선생님께 감사드린다.

마지막으로 서른에 홀로되어 60여 년 동안 아들 뒷바라지하다가 태어난 별로 되돌아가고 계시는 나의 어머니 서소아 여사와 온갖 응석을 다 받아주며 항상 힘이 되어주는 나의 친구 유창희. 두 분에게 나의 첫 번째 책을 바친다.

박찬원

차 례

1 삼성이 만들면 다릅니다 · 신규사업 이야기

2 안방에 초대받는 서비스맨들 · 서비스 이야기

1

삼성이 만들면 다릅니다
신규사업 이야기

"삼성이 만들면 다릅니다." 삼성자동차의 슬로건은 소비자가 만들어준 말이다. "삼성에서 자동차를 만들면 사겠느냐?"고 물었을 때 소비자의 18%가 사겠다고 대답했다. 매우 높은 숫자였다. "왜 사겠느냐?"고 다시 물었다. "삼성이 만들면 무엇인가 다르겠죠"라는 대답이었다. 이 말을 낚아챘다. 삼성자동차는 차별화 전략부터 세웠다. 백지 위에 마케팅 그림을 그렸다. 기존 자동차 회사와는 철저히 차별화하고 더 좋게 한다는 전략이었다. 슬로건도 "Better&Different"로 정했다. 삼성자동차는 신규사업을 어떻게 준비하고 어떻게 시작할 것인가에 대한 모범 답안이다.

당신이 만들면 다릅니다

최고를 보면
최고의 전략이 나온다

독일의 벤츠, 아우디, BMW, 프랑스의 르노, 미국의 제너럴 모터스(이하 GM), 포드, 크라이슬러, 새턴, 일본의 닛산, 도요타, 혼다…

삼성자동차를 준비하면서 이름만 듣던 세계의 유명 자동차 회사는 모두 다녀보았다. 당시 삼성자동차의 책임을 맡은 이필곤 회장, 현명관 그룹회장 비서실장, 홍종만 사장 등 삼성자동차의 모든 임원이 세계를 누비며 최고의 자동차 공장들을 모두 방문했다. 대부분 공장에는 영업매장과 서비스센터, 고객 홍보관을 갖추고 있어서 이들도 모두 함께 볼 수 있었다.

한 번에 전 세계를 돈 것이 아니라 지역별 모터쇼와 연계해 몇 차례 나누어 유명 자동차 회사를 벤치마킹했다. 새벽부터 밤까지 쉴 틈 없이 공장 견학, 모터쇼 참관, 영업매장 및 서비스센터 방문이 이어졌고, 그래도 모자라면 현지 전문가를 초청해 강의를 듣는 강행군이었다. 어떤 때는 야간에 이동하고 다음 날 아침부터 바로 새 스케줄에 들어갔다. 새로운 사업을 한다는 의욕에 불탔지만 사실 체력적으로는 무리한 강행군이었다.

치열한 토론으로 완성되는 벤치마킹

보통 새벽부터 밤까지 현장 순회를 하고 나서 저녁식사가 끝나면 모두 다시 모여 낮에 전시회나 공장을 돌아본 내용을 토대로 토론을 했다. 느낀 소감, 우리가 참고해야 할 사항, 더 깊게 조사하고 알아보아야 할 사항, 우리가 간과하고 있는 사항 등에 대한 토론이 이어졌다. 타이트한 현장 방문을 끝내고 파김치가 되어 돌아왔던 사람들이 토론회가 시작되면 언제 그랬냐는 듯 생동생동 깨어나며 이야기를 그칠 줄 몰랐다. 물론 이필곤 회장, 현명관 비서실장도 함께 토론에 참여했다.

이런 토론회는 밤 12시를 훌쩍 넘겨서까지 진행되었는데 아무리 늦어도 토론이 끝나고 나면 바로 리포트를 작성해 그날 방문 내용과 함께 토론 내용을 기록했다. 그 내용은 바로 본사로 보내져 출장에 참여하지 못한 임원, 간부들이 공유했고 이건희 회장에게까지 보고됐다.

그 중 미국은 시카고모터쇼가 있는 1월 초에 방문했다. 1월의 시카고는 무섭게 추웠고 영하 20도 이하의 날씨에 미시간 호에서 불어오는 칼바람은 너무나 혹독했다. 일본에서 강행군을 하고 시카고에 도착한 출장팀은 이미 그로기 상태로 체력이 떨어진데다 갑자기 추워진 날씨에 적응하지 못해 모두 감기 몸살을 앓았다. 그래도 시카고 모터쇼를 하루 종일 보고 디트로이트의 포드자동차 공장, 자동차 박물관을 보았고 매일 밤마다 어김없이 토론을 했다. 밤새도록 콧물을 흘리고 콜록콜록하며 토론하던 모습이 아직도 생생하다.

해외 벤치마킹은 아픔도 잊을 만큼 모든 것이 신기하고 배울 것 투성이었다. 그 중 미국의 자동차 영업 콜센터가 인상적이었다. 이 콜센터는 미국 전역에 있는 자동차 대리점의 전화를 대신 받아주는 사업을 했다. 고객이 자동차 문의를 위해 전화를 걸면 자동으로 이 콜센터와 연결되고 콜센터 상담원은 마치 자동차 회사의 영업사원인 것처럼 고객과 대화하며 모는 질문에 자세히 응해주었다. 물론 고객과 대화를 위한 각종 자료는 컴퓨터 화면에 자동으로 뜨게 되어 있었다.

콜센터 상담원의 최종 목표는 고객이 회사의 영업 매장을 방문하도록 유도하는 것이었다. 상담원이 고객과 방문 예정 날짜, 시간을 약속한 후 전화를 마무리하면 상담원과 고객의 대화내용은 그대로 고객이 방문할 영업장으로 전달된다. 약속한 날 고객이 영업장을 방문하면 판매사원이 반갑게 마중을 나온다. 이미 전화 내용을 잘 알고 있기 때문에 고객은 마치 전화 통화한 사람과 만나는 기분을 느낀다. 그렇게 고객이 영업매장을 방문하고 나면 그 다음 날쯤 콜센터 상담원은 다시 전화를 걸어 영업장의 고객만족도를 조사하고 고객이 자동차를 그 매장에서 사지 않았으면 안 산 이유까지 조사한다. 그리고 그러한 내용을 정리해 회사에 제공한다. 상담원은 얼마나 많은 고객을 영업장으로 보내주었는지, 보내준 고객이 얼마나 자동차를 많이 샀는지에 따라 급여를 받았다. 또한 상담원들이 정리한 보고서는 영업사원 관리의 소중한 자료로 활용되고 있었다.

자동차 영업의 핵심은 서비스다

독일 벤츠의 정비사 양성 학교를 방문했을 때는 우리나라 실정과 너무 달라 탄성만 나왔다. 벤츠에선 정비사 한 명을 양성하기 위해 2년 동안 교육을 시켰는데 부품이 더 이상 생산되지 않아 없을 경우를 대비해 쇠로 부품을 깎아 만들어서 수리하는 훈련까지 있었다. 마지막 졸업 작품은 쇠를 깎아 모형 자동차 한 대를 만드는 것이었다. 역시 벤츠답다고 생각했다.

이런 벤치마킹을 통해 자동차 사업을 보는 눈이 넓어졌다. 요즘은 애프터서비스와 영업이 함께 있는 매장이 많지만 당시 자동차회사는 영업과 서비스가 분리되어 있었다. 고객의 가장 큰 불만은 자동차를 팔 때는 간이라도 빼어줄 듯 쫓아다니다 일단 판매하고 나서 문제가 생기면 영업사원 보기가 어렵다는 것이었다. 사실 고객 입장에서는 서비스가 제일 중요하다. 자동차를 3년에 한 번 바꾼다고 보면 사는 것은 3년에 한 번 뿐이고 서비스는 수시로 필요하다. 벤치마킹을 하면서 자동차 영업은 판매업이 아니라 서비스업이라는 개념을 정립할 수 있었다.

세계 최고의 자동차 회사를 돌아보고 온 후 나는 일부러 차를 고장 내 수도 없이 국내 애프터서비스 센터를 찾았다. 역시나 국내 애프터서비스 환경은 열악했다. 불친절하고 휴게실 하나 제대로 없이 매캐한 수리공장 안의 콘크리트 바닥에 서서 한참을 기다려야 했다. 뒤늦게 나타난 정비공은 자세한 설명은 커녕 고장이 마치 고객의 책임인양 퉁명스러워 했고 작은 고장은 뭘 이런 걸 가져왔냐는 식의 반응을 보였다. 게다가 창문이나 카오디오 등은 납품받은 업자를 찾아 가서 수리를 받아야 했다. 정비공들의 복장도 공장에서 작업하는 사람들의 작업복과 비슷했다.

이런 낙후된 서비스를 경험하면서 삼성자동차의 마케팅 기회를 찾아냈다. 바로 수리공장이 아닌 병원과 같이 깨끗한 '카 클리닉'을 만드는 것이었다. 마치 병원 수술실 같이 청결한 수리실에서 의사나 간호사 같이 깨끗한 가운을 입은 정비사들이 각종 진단기기를 활용해 차의 문제를 찾아내고 수리한다. 고객은 카페 분위기의 안락한 휴게실에 앉아 잡지도 보고 담소도 나누며 모니터로 수리되는 차를 지켜보며 기다린다. 심심하면

액세서리 코너에서 차에 필요한 신기한 소품을 구경할 수도 있다.

그리고 고객의 자동차를 무상 점검해주는 영업사원도 구상해 보았다. 자동차 영업사원에게 서비스보다 강력한 무기는 없으므로 차량 점검만 해주고 다녀도 저절로 영업 기회가 올 것이라고 생각했다. 타사는 절대 실행할 수 없는 전략이었다.

많이 보면 좋은 전략이 나온다. 최고를 보면 최고의 전략이 나온다.

이것이 삼성식 훈련이다. 이것이 삼성식 신규 사업 추진이다. 이런 과정 덕분에 전혀 경험이 없는 사람들이 주축이 되어서도 중형차 시장의 판도를 바꿀 정도로 품질이 뛰어난 자동차를 만들 수 있었다. 그것도 예정보다 3개월 앞당겨 내놓았다. 그래서 소비자들은 삼성이 만들면 다르다고 말한다.

영업임원도 생산현장에서
훈련받는다

　삼성자동차 출시 전 자동차 관련 모든 임원이 기술도입 회사인 닛산자동차 공장에 가서 실습을 했다. 경영이나 영업에 대한 교육을 받은 것이 아니라 생산 현장에 직접 투입돼 자동차를 생산했다. 25년 전 삼성그룹에 신입사원으로 입사했을 때 제일모직, 제일제당 등 공장에서 실습한 것이 생각났다. 그때는 주로 강의를 듣고 생산라인 견학만 했는데, 닛산자동차 실습은 직접 생산현장에 투입돼 닛산자동차 사원들과 똑같이 판매할 자동차를 생산하는 일이었다.

　자동차 조립라인에 들어가는 것도 무턱대고 가능한 것이 아니었다. 교육을 받고 시험에 합격해 자격증을 받아야만 작업을 할 수 있었다. 교육은 간단한 이론교육 후에 볼트, 너트를 조립하는 기능을 익히는 것이었다. 전동 드라이버를 활용해 20초 안에 10개의 나사를 조립하고 40초 안에 10개의 너트를 조립해야 했는데 볼트, 너트를 박는 위치와 순서가 정해져 있어서 그 순서에 따라 정확하고 단단하게 조립해야 했다. 20초 안에 10개의 나사를 조립하려면 손이 보이지 않을 정도가 되어야 한다. 왼손으로는 볼트를 한 움큼 잡고 동시에 엄지와 검지로 볼트 한 개를 밀어내 조립할 위치에 대고 전동드라이버를 드르륵 들이대야 했다. 이 세 가지 동작이 거의 동시에 이루어져야 하기 때문에 깜박하면 시간이 모자랐고, 조금이라도 삐딱하게 박으면 불합격이었다.

엄격한 품질관리가 세계 최고를 만든다

4시간 실습하고 시험을 보았다. 이공계 출신 임원들은 1차 시험에서 거의 합격한 반면, 인문계 출신 임원들은 거의 불합격이었다. 나도 3번 정도 재시험을 본 후 가까스로 합격했다.

테스트 합격 후에는 닛산자동차 사원들과 똑같이 기숙사에서 먹고 자면서 작업에 투입되었다. 주간작업, 야간작업 모두 교대로 했다. 주간작업은 아침 6시 30분에 시작해 11시 30분까지 작업한 후 40분 점심시간을 갖고, 다시 12시 10분에 작업을 시작해 오후 3시 30분에 끝나도록 되어 있었다. 야간작업은 저녁 4시 35분에 시작해 그 다음날 새벽 1시 20분에 끝났다.

기본 작업 시간은 아침 8시 30분부터 오후 5시 30분까지였다.

현장라인에 들어가면 2시간 동안 작업하고 10분 동안 휴식 시간이 주어졌다. 휴식시간이면 화장실로 달려갔다. 담배 피는 사람들은 시간이 모자라 동시에 담배 두 개비를 물고 피우는 진풍경이 벌어질 정도였다. 휴식시간 10분이지만 작업 개시 1분 전에는 돌아와 있어야 했기 때문에 모두들 바삐 움직였다.

작업이 시작되면 소변 마려운 것도 생각나지 않을 정도로 바빴다. 1분에 한 대씩 컨베이어벨트를 따라 자동차가 내 앞으로 다가오기 때문에 바로바로 내가 맡은 작업을 해야 했다. 잠시라도 머뭇거렸다가는 작업이 지연되고 조장이 쫓아왔다. 조장은 4명에 한 명 정도 있는데 이들은 자기가 맡은 작업을 하면서 문제가 있는 사원이 생기면 작업을 도와줬다.

그러면서도 품질관리가 엄격해 부착물 위치가 몇 밀리미터만 틀려도 불합격이었다. 실시간으로 전광판에 생산 대수가 나타났고, 그날 생산 목표에 미달하면 자동으로 잔업을 해서 목표 생산 대수를 맞춰야 했는데 자동 잔업은 무급으로 노조와 협약이 되어 있었다.

또한 조립 라인 위로는 라인 스톱 줄이 있어 작업 중 문제가 생기면 이 줄을 당겨야 했다. 라인 스톱 줄을 당기면 요란한 벨 소리와 함께 경광등이 켜지고 전 라인의 생산이 중단됐다. 그러면 조장, 반장 등 기술자가 라인 스톱을 한 곳으로 가서 문제를 해결한 다음 다시 작업이 시작됐다. 우리나라 조립공장에도 라인 스톱 줄은 많이 설치되어 있다. 그러나 라인 스톱 줄을 실제로 당기는 것은 보지 못했다. 라인 스톱줄을 당긴 사원이 작업 지연에 대한 비난을 모두 감수해야 했기 때문이다.

품질을 완성하는 5Why

일본 닛산 공장에서 회의 때마다 가장 많이 나오는 말은 불량 관리였다. 일본의 불량 기준은 매우 엄격해 기능상의 문제뿐 아니라 미관상의 문제도 모두 불량이었다. 15명 단위의 조에서 자체 불량 검사를 하고 과에서 2차 검사를 한 뒤 정식으로 품질관리팀에서 품질 체크를 했다. 심지어 자동차를 몰고 창고까지 가는 사원도 차를 몰고 가면서 주행 느낌에 대한 리포트를 썼다. 일종의 주행 관능검사였다.

주·야간 작업 교대 시에는 생산한 자동차 한 대를 샘플로 전시해 놓았다. 그 다음 교대조가 와서 그 자동차를 보고 문제가 있는 부분에 노란색 포스트잇에 글씨를 써서 붙여 놓았다. 자신이 생산한 자동차에 대한 또 다른 평가를 받는 것이었다.

불량이나 사고가 있으면 비상이 걸렸고 조장, 반장들이 모여서 회의를 했다. 그런데 놀랍게도 회의는 절대 일과 시간에 하지 않고 작업 시작 전, 작업 종료 후, 또는 점심시간에 했다. 40분 점심시간을 줄여서 식사를 하고 모여서 회의를 하는 것이었다. 조장, 반장들의 바쁜 움직임이 보이면 벌써 공장 분위기가 긴장됐다. 그들은 왜, 왜, 왜를 다섯 번 떠올리며 원인을 찾아내고 대책을 세운다는 5Why를 실제로 실천하고 있었다.

제조공정 관리에 관한 한 일본은 세계에서 가장 강한 나라였다. 무엇보다 원칙을 그대로 실천하는 실천력이 놀라웠다. 원칙은 실천하는 데서 그 힘이 나온다.

경험 없는 삼성 임원들도 이런 혹독한 훈련 과정을 거치면서 서서히 자동차맨이 되어갔다.

마케팅은
깜짝 놀라게 하는 것

임원들이 닛산 공장에서 훈련받은 것보다 더 고된 일은 자동차 영업 준비였다. 삼성자동차 영업 부문은 초창기에 임원 4명을 포함한 40명의 태스크포스로 출발했다. 모두들 자동차 영업 무경험자들이었다. 자동차 공부도 할겸 첫 번째 영업 전략으로 선택한 것이 자동차 정비사 교육이었다. 모두들 자동차 정비사 자격을 따기로 했다.

영업, 마케팅 부문에서는 내가 직급도 가장 높았고 나이도 가장 많았다. 그리고 고등학교 졸업 예정자로 미리 취업한 서무 여사원이 가장 나이가 어렸다. 가장 나이 어린 여사원과 내가 둘이서 "가장 나이 많고, 가장 나이 어린 우리 둘이 정비

사 자격을 따면 다른 사람들은 모두 딸 테니까 꼭 따자"고 약
속했다.

교육 과정도 어려웠고, 시험도 어려웠지만 제일 어려운 것은
시간을 내는 일이었다. 초창기라 자동차 관련 회의도 많았고,
여러 가지 계획도 짜야 했다. 자동차 공부도, 사람 모으는 일
도, 관련 부서와 업무 협의도 해야 했다. 하지만 무슨 일이 있
어도 주말에 4시간씩 정비교육은 꼭 받았다. 푸른색 정비복을
입고 코에 기름을 묻혀가며 자동차를 분해하고 수리하는 연습
을 했다. 자동차 엔진을 부품 하나하나까지 완전히 분해한 후,
다시 조립해 시동을 걸어 부르릉 거리게 만들어야했다. 고장
원인에 대한 판정도 내릴 수 있어야했다. 그런 가운데도 정비
교육이 끝난 후 직원들과 함께 마시는 시원한 생맥주 한 잔은
신규사업으로 부대끼는 우리 팀에 또다른 활력소가 되었다.

모두들 열심히 공부했는데도 합격률은 약 40%였다. 필기시
험과 실제 정비 실습시험에 모두 합격해야 했기 때문이었다.
나와 어린 여직원은 약속대로 정비사 자격증을 땄다. 전형적인
기계치이고 인문계 출신인데 삼성자동차 영업을 맡으면서 자
동차 정비사 2급과 자동차정비사보 자격증을 딴것이다.

내가 감동해야 남도 감동한다

정비사 자격을 따고 나서 꼭 해보고 싶은 꿈같은 일이 있었
다. 상상만 해도 즐거운 꿈이었다. 감색 싱글 양복을 잘 차려입

은 신사가 자동차를 타고 길을 가는데 길가에 고장 난 삼성자동차가 서 있다. 신사는 자동차를 세우고 고장 난 자동차 앞으로 다가간다. 무슨 일이냐고 물어보니 차 주인은 멈춰 섰다가 출발하려는데 시동이 안 걸려서 서 있다고 한다.

신사는 자동차 보닛을 열고 엔진을 점검한다. 자동차에 가서 계기를 가져와 차에 대보고 자동차에서 공구를 가져와 나사를 조이고 풀며 임시수리를 한다. 양복이 더러워지는 것도 아랑곳 않고 깔개를 깔고 밑으로 들어가 점검도 해본다. 땀을 뻘뻘 흘리며 작업을 마친 신사가 다시 브레이크를 밟고 엔진을 켜자 부르릉 시동이 걸린다. 그제야 나사를 다시 조이고 덮개를 덮은 후 보닛을 닫는다. 그리곤 임시조치를 했으니까 서비스센터 가서 수리를 받으라고 알려준다.

고장 난 자동차 주인은 기뻐하며 감사해 어쩔 줄 모른다. 신사는 공구를 차에 다시 챙겨 넣으며 땀을 닦는다. 수리하느라 흰 와이셔츠엔 거뭇거뭇 기름때가 묻었다. 신사는 명함을 꺼내 자동차 주인에게 주며 '삼성자동차에 있습니다' 라고 인사한다. 주인이 명함을 보니 '삼성자동차 전무이사 박찬원' 이라는 이름이 선명하다. 주인이 깜짝 놀란다. 삼성 전무가 내 차를 고쳐주다니? 믿을 수 없는 일에 당황해 인사도 제대로 못하고 헤어진다.

그날 저녁 자동차 주인은 친구들과 한 잔 하면서 낮에 있었던 이야기를 신나게 할 것이다. 집에 가서도 부인에게 침을 튀며 이야기할 것이다. 아마 한 달 이상 그 이야기를 써 먹을 것이다. 삼성 이야기만 나오면 그 자동차 이야기가 또 나올 것이다. 이렇게 해서 한 사람의 로열 고객이 탄생한다.

상상만이 아니라 실제로도 고객을 깜짝 놀라게 해주려고 정비사 자격증을 땄는데 써먹지 못했다. '마케팅은 무엇인가' '마케팅은 어떻게 해야하는가' 라는 질문에 수많은 대답들이 있을 것이다. 하지만 나의 대답은 한 마디로 이것이다. '마케팅은 깜짝 놀라게 해주는 것' 이다. 예상치 못한 상황에서 예상치 못한 감동을 안겨 주는 것, 그것이 내가 꿈꾸는 진정한 마케팅이다.

배우고 또 배운다

삼성은 전사적으로 고문을 많이 쓴다. 컨설팅도 많이 받는 다. 한국에 진출한 세계적 컨설팅 회사들의 초기 고객은 대부 분 삼성이다.

삼성자동차도 초창기에 고문도 많이 쓰고 컨설팅도 많이 받 았다. 물론 기술 도입선인 닛산자동차의 도움을 가장 많이 받 았다. 영업은 도요타자동차 출신 고문을 더 많이 썼다. 영업기 획을 담당했던 사람부터 해외사업을 했던 사람, 현장의 영업지 점장을 했던 사람까지 고문으로 활용했다. 그중엔 일본의 BMW 지점장 출신도 있었다. 물론 모두 은퇴한 분들이었다. 그 외에 제일제당 시절 관계를 맺었던 사람들의 도움도 많이 받았다. 마케팅의 기본원리는 똑같았다. 다양한 경험을 가진 고문들을 통해 더 새롭고 창의적인 아이디어가 나왔다.

영업의 기본 시스템은 세계적인 컨설팅 회사인 쿠퍼스 앤 라이 브랜드(Coopers & Lybrand)의 도움을 받았다. 컨설팅이란 컨설팅하는 회사의 능력도 중요하지만 컨설팅을 받는 상대 회사의 능력이 더 중요한데 삼성자동차는 자동차를 전혀 모르는 사람들을 모아 놓고 시작한 것이어서 컨설팅 회사가 무척 힘들어했다. 삼성자동차 입장에서도 원하는 결과를 얻지 못했다. 특히 서양식 컨설팅은 한 단계, 한 단계를 확정해 가면서 다음 단계를 진척시키는데 기본 개념조차 제대로 몰랐던 삼성자동차 간부들에게는 무리한 과제였다.

한번 개척한 고객은 절대 놓치지 마라

원하는 결과는 못 얻었지만 그렇다고 헛된 것은 아니었다. 컨설팅 과정을 통해 자동차 영업의 기본 개념을 파악할 수 있었고 일의 프로세스를 정립할 수 있었다. 비싼 수업료를 치룬 셈이었다. 한편, 도요타 출신 영업 고문들로부터는 영업 정신을 많이 배웠는데 그들의 주선으로 일본의 많은 영업장을 방문하고 벤치마킹했다. 특히 서비스에 대한 전략, 중고차에 대한 전략은 우리나라 자동차 영업의 전반적 수준을 올려놓았다.

한번 개척한 고객은 절대 놓치지 않는 일본 자동차 영업의 평생 고객관리 개념은 업종을 불문하고 꼭 배울 가치가 있다.

고객은 자동차를 계속 바꾸지만 담당 세일즈맨은 한 사람 뿐이었다. 은퇴한 지 10년이 넘는 도요타 영업 지점장 출신 고문은 아직도 고객관리를 하고 있었는데 고객의 생일이면 친필 편지를 보내고 뒷주머니에는 항상 양말 한 켤레를 넣어 갖고 다녔다. 다다미방 생활을 하는 일본의 가정집을 방문하려면 발에서 냄새가 나지 않도록 갈아 신고 방문하는 습관이 몸에 밴 것이다. 영업이 자신의 생활이고 생명이었다. 고객은 지금도 자동차에 문제가 생기면 고문에게 상담하고 고문은 자동차를 팔지 않으면서도 고객을 관리하고 있었다.

삼성이 계속 사업은 못했으나 닛산에서 삼성자동차를 인수하고 바로 판매 돌풍을 일으킨 것은 이렇게 배운 기초가 쌓인 덕분이다. 아쉬운 것은 SM5의 후속모델이 없어서 어렵게 개척한 고객을 평생고객으로 이끌어가지 못한 것이다. SM5를 산 고객이 다음 번 살 자동차는 SM5가 아니라 더 업그레이드된 모델이다. 진보하고 발전된 모델을 내놓아야 고객을 계속 잡을 수 있다. 내 개인적인 생각이지만 10년 동안 한 모델로 경쟁한다는 것은 너무 안이한 전략이었다. 삼성이 계속 사업을 했다면 벌써 달라졌을 텐데 하는 아쉬운 생각을 해본다.

영업은 꿈이 아닌 현실이다

삼성자동차의 영업기획이 모두 성공했던 것은 아니었다. 차별화와 창의성에 치중하다 보니 시행착오도 있었다. 대표적인 것이 여성정비사 제도다. 마침 삼성 신경영 후 이건희 회장이 여성 인력의 활용을 강조하던 때였다. 어떻게 생각하면 여성이 세심하고 정확하기 때문에 수리에 적합할 것 같은 생각도 들었고 힘이 필요한 수리가 아닌 간단한 경정비는 여성이 해도 좋을 것 같았다. 그래서 삼성그룹 전체에서 여성정비사 취지를 공지하고 희망자를 모아 20명을 뽑았다. 그 중에는 삼성그룹 회장 비서실 출신도 있을 정도로 인기였다. 이들을 1년 이상 집중 훈련을 시켰으나 막상 실전에서는 성공하지 못했다. 정비 능력은 훌륭했으나 고객들이 기피했기 때문이다. 고객들은 막연하게 '여자는 기술에 약하다'는 선입관을 갖고 있었다. 이어 여성정비사들도 결혼 등을 핑계로 떠나갔다. 자동차 정비는 결코 낭만적인 일이 아니었다.

삼성생명의 보험 인력을 영업 인력으로 이용하려는 시도도 성공하지 못했다. 한때 경쟁사에서 보험 인력을 활용하는 것을 가장 겁내한다는 루머도 있었다. 하지만 법적으로 보험 인력을 활용하는 것이 어려웠고 그보다 더 큰 문제는 한 가지 과제에 집중적으로 매달려도 어려운 영업을 다른 일까지 겸해서 해야 한다는 점이었다. 보험회사 출신 임원까지 영입해 몇 번 시도를 했으나 아무 도움도 받지 못했다. 이상적인 꿈일 뿐이었다.

인터넷 판매도 비슷한 예다. 삼성자동차 영업을 준비할 당시 인터넷 마케팅이 붐을 이루고 있었다. 자동차도 인터넷에서 판다면 얼마나 판매될 것이냐가 가끔 회의석상에서 이야기되었다. 강하게 이야기 하는 임원은 5~10%는 인터넷으로 판매가 이루어지지 않겠느냐고 이야기하기도 했다. 그러나 인터넷으로 거래되기에는 자동차는 너무 비싼 제품이었다.

영업은 꿈이 아니라 냉혹한 현실이다. 하지만 실패가 두려워 시도하지 않은 적은 없고 실패 속에서 배운 것도 많다. 마케팅에선 늘 새 길을 개척해야 한다. 높은 꿈을 지향하되 발은 항상 땅을 딛고 있어야 한다.

보이는 모든 것을
차별화하라

삼성자동차는 매장을 차별화하는 데 각별히 신경을 썼다. 자동차의 품질은 고객이 사서 타 보아야 아는 것이고, 고객이 구매하기 전에는 이미지가 중요하다고 생각했다. 그래서 자동차의 품질, 이미지의 상징이 신차 전시장을 겸한 영업 매장과 서비스 센터라고 보았다. 광고도 중요한 역할을 하지만 자동차 영업 매장을 보는 순간 삼성자동차만의 특별한 이미지가 느껴져야만 하고, 영업 매장이 보이지 않는 세일즈맨 역할을 해야 한다고 생각했다.

자동차 영업장 건물의 설계부터 세계 최고의 설계회사에 의뢰했다. 기초 설계는 영국, 이탈리아, 미국의 세계 최고 설계회사를 선정해 지명 경쟁을 시켰다. 이 중에서 최근 친환경 런던 시청을 설계해 세계적으로 이름을 날리고 있는 영국의 대표 건축가 노먼 포스터(Norman Foster)의 작품을 선택했다.

자동차 영업장을 세계적인 건축가에게 의뢰한다는 것은 비용도 많이 들고 어떻게 보면 만용이었다. 그러나 삼성그룹 비서실에서 인프라 업무를 담당했던 이승한 부사장(현 삼성테스코 회장)의 적극적 지원으로 추진할 수 있었다. 사실 이러한 결정은 삼성만이 할 수 있는 결단이었다. 삼성의 차별화, 최고 지향, 새로운 발상의 문화 속에서만 나올 수 있는 결단이었다. 또한 삼성그룹이었기 때문에 세계적인 건축가들이 설계에 응했을 것이다. 서울 양평동의 삼성자동차 서비스 스테이션이 그 모델이다.

자동차 영업장의 핵심을 서비스로 잡고, 신차의 전시, 부품 액세서리 판매, 중고차 상담, 금융, 보험 상담 등 자동차 관련 모든 기능을 한 곳으로 모으는 것으로 계획을 세웠다. 자동차 영업장을 단순히 차를 전시하고 파는 곳이 아니라 지역 사회에서 고객이 모이는 커뮤니케이션 센터로 만들고 싶었다. 고객 휴게실, 카페, 스낵을 판매하는 간단한 식당, 고객 미팅 룸을 만들고 싶었다. 자동차를 수리하러 온 고객이 지루하지 않게 기다릴 수 있는 볼거리를 제공하고 싶었다. 평상시는 고객들의 미팅이나 교양 교육을 위한 장소로도 활용될 수 있도록 꾸미려 했다.

이런 자동차 영업장을 준비하는 과정에서도 세계 각국의 자동차 매장 견학이 많은 도움이 되었다. 나중에 정리해 보니 미국, 일본, 독일, 프랑스, 이탈리 등 지역에서 약 100개 이상의 자동차 매장을 둘러 보았다. 미국의 자동차 전문점 오토몰(auto mall)에서 본 매장까지 합산하면 150개 이상 될 것이다.

오토몰에 가보면 정말 장관이다. 약 200백만 평의 광활한 대지 위에 100여 개의 자동차 매장이 끝이 보이지 않을 정도로 어마어마하게 펼쳐져 있다. 한 자동차의 매장만도 2~3천 평 정도 됐고 세계 각국의 없는 자동차가 없었다. 자동차 매장의 운동장에는 중고차가 가득 전시되어 있었고 옆에는 거대한 자동차 수리 공장도 있었다.

세일즈맨들은 밖으로 돌아다니는 것이 아니라 자동차 전시장 안으로 밀려드는 고객을 기다리기만 하면 됐다. 신차 전시 못지않게 각종 자동차 부품, 액세서리도 다양하게 전시돼 즉석에서 구입해 차를 꾸밀 수 있었다. 뿐만 아니라 고객이 차를 몰고 와서 타던 차는 중고차로 매각하고 신차를 사서 바로 몰고 나갈 수 있도록 금융, 보험, 차량 등록 등 법적 문제가 즉석에서 처리됐다. 물론 돈이 없어도 모든 것이 신용으로 바로 처리됐다.

중고차 전문 자동차 매장도 함께 있었는데 중고차 매장 중에는 신차 매장보다 더 깨끗한 곳도 많았다. 중고차도 깨끗이 수리를 하고 새롭게 페인트칠을 해 신차처럼 보였다. 마음에 드는 중고차가 있으면 바로 시승해 볼 수 있었다. 시승하려면 운전면허증을 보여 주어야 했는데 그것 하나면 됐다. 시승하고 돌아오면 이미 본인의 신용 조회가 끝나 있고 가격, 할부조건까지 일목요연하게 보여줬다. 물론 중고차도 품질 보증을 해주고 무상보증 수리기간도 있었다.

고객은 내 가족이라는 믿음이 영업의 힘

삼성자동차 매장을 만드는 데 가장 많이 참고한 것은 미국의 새턴자동차 매장이다. 새턴자동차는 미국 GM에서 일본 자동차 공세를 방어하기 위해 만든 야심작으로 기존 GM과는 완전히 다르게 독립된 영업 전략을 펴고 있었다. 전국이 균일하게 가격 관리도 되고, 고객 만족 중심의 매장 관리를 하고 있었다.

특히 사무실에 판매실적표 대신 고객만족도 실적표가 붙어 있는 것이 인상적이었다. 고객 만족도 실적을 전년 동기비, 전월비, 타지역비를 비교 관리하고 있었다. 새턴자동차를 구매하거나, 애프터서비스를 받은 모든 고객을 대상으로 고객만족도를 조사했다. 고객 만족도에 따라 세일즈맨들의 수수료율이 달라졌다. 아무리 판매가 많아도 고객만족도가 낮으면 세일즈맨의 노력보다는 브랜드 이미지나 영업장 이미지에 의해 판매된 것으로 보아 수수료율이 낮아졌다. 반대로 고객만족도가 높으면 수수료율이 높아졌다.

새턴자동차는 처음부터 끝까지 자동차를 판매하는 것이 아니라 새턴의 새로운 가족이 탄생한다는 개념으로 고객을 관리하고 있었다.

이러한 내용을 삼성자동차에 반영하려 노력했다. 고객이 삼성자동차 매장을 보는 순간 무언가 다르다는 것을 느끼게 해주고 싶었다. 자동차의 품질은 눈에 보이지 않는다. 눈에 보이는 것을 차별화하면 보이지 않는 품질도 다르게 느껴진다.

차도 없이
자동차 카드 판매

삼성자동차가 나오기 2년 전이었다. 이때부터 자동차 영업을 준비해야 하는데 준비할 방도가 없었다. 그래서 생각한 것이 삼성자동차카드다. 자동차도 없는 회사가 삼성자동차 카드를 발매한 것이다.

삼성자동차카드로 제휴사 상품을 구매하면 일정액을 적립했다가 삼성자동차 구입 시 100만 원까지 자동차를 할인해 주는 카드였는데 자동차는 할인판매가 없었으므로 100만 원은 큰 금액이었다. 할인 비용도 삼성자동차가 부담하는 것이 아니라 제휴사가 카드 사용액에 따라 적립해주는 것이어서 삼성자동차는 전혀 부담이 없었다. 삼성자동차는 카드를 판촉하는 역할만 하면 됐다. 그래서 어떤 마케팅 관계자는 '현대판 봉이 김 선달 마케팅'이라고 했다.

물론 제휴사에는 삼성그룹 관계사가 많았으나 삼성과 전혀 관계 없는 외부 기업도 많이 참여했다. 불공정한 관계사 지원이 아니었다. 제휴사 입장에서는 삼성자동차로 인한 판촉효과가 있었으므로 서로 이익이 되는 프로모션이었다. 삼성자동차 영업사원들 입장에서는 자동차가 없어서 매일 연습만 해야 하는데 확실한 일거리가 생긴 셈이라 자동차 판매 대신 카드 판촉에 주력하며 의욕에 넘쳤다.

삼성자동차카드가 나오자 기존 자동차 회사는 비상이 걸렸고 뒤따라 타사 자동차카드도 나왔다. 그러나 삼성자동차카드만큼 카드 필요성이 절실하지 않았고 제휴상품도 삼성자동차카드보다 약했다. 결국 삼성자동차카드는 카드 회원 수나 인지도에서 타사를 훌쩍 앞서나갔다.

이렇게 해서 삼성자동차는 자연스럽게 카드 광고를 앞세워 자동차 광고를 할 수 있었다. 삼성자동차 자체가 소비자들에게 신선한 느낌을 주고 있었기 때문에 삼성자동차카드도 새로운 느낌을 주었다. 삼성자동차카드는 삼성카드에게도 큰 도움이 되었고 소비자 반응도 매우 좋았다.

삼성자동차카드는 자동차 판촉 목적도 있었으나 그보다 중요한 것은 사전에 고객 DB를 확보하는 것이었다. 삼성자동차는 차종이 하나밖에 없고, 판매 인력도 부족했기 때문에 타사와 똑같은 방법으로 경쟁하면 효율성이 낮았다. 이 문제를 해결하는 데 삼성자동차 카드는 매우 효과적인 전략이었다.

고객이 무엇을 원하는지 파고 들어라

삼성자동차는 콜센터 기능도 강화했다. 서비스를 접수하고 고객의 클레임이나 받는 콜센터가 아닌 고객을 발굴하는 콜센터를 만들려 했다. 삼성자동차카드 고객을 비롯해 삼성자동차의 타깃인 잠재고객 리스트를 확보해 사전에 텔레마케팅을 한 후 판매 가능성이 있다고 판단되는 고객을 영업 사원들에게 넘기려 했다. 콜센터를 단순히 영업지원조직이 아닌 영업조직으로 만들려 했던 것이다.

삼성자동차는 타깃 고객을 '센시블 리치(Sensible Rich, 감각적 부유층)'로 정했다. 중형차인데 기분상으로는 중형차보다 높은 이미지, 실제 경제적 소득보다 감성적으로 부자인 사람이 타는 자동차, 돈으로는 부자가 아니더라도 지적으로 부자인 사람, 또는 그들을 닮고 싶은 사람들이 타는 자동차로 만들고 싶었다.

대기업 임원, 변호사, 회계사, 건축사, 예술가, 벤처 기업가, 고급 공무원, 대학교수 등 전문직 종사자를 주고객으로 정했다. 후에 삼성그룹이 임원용 자동차로 선정하는 바람에 이러한 이미지는 더욱 탄력을 받았다. 이 타깃 도출은 미국 남캘리포니아 대학교의 박충환 석좌교수가 도와주었다.

삼성자동차는 고가전략을 쓰는 것이 불가피했다. 품질에 중점을 두었고, 생산량도 적었기 때문에 가격 경쟁력은 없었다. 그래서 한때는 플러스 옵션 대신 마이너스 옵션 전략을 검토하기도 했다. 보통은 자동차의 기본 모델 가격을 제시해 가격이 싸게 보이게 한 후 옵션을 추가해 가격을 정하는 방법을 쓴다. 마이너스 옵션 전략은 그 반대로 모든 옵션을 다 붙인 높은 가격을 먼저 제시하고, 고객의 희망에 따라 하나하나 덜어내 가격을 낮추는 전략이다.

결국 타깃 고객을 '센시블 리치'로 정한 것은 적중했다. 이러한 전략이 모여서 자동차를 전혀 모르는 사람들이 한국의 자동차 영업을 한 단계 업그레이드시켰다.

새로운 기회와 가능성은 다른 사람이 하지 않는 곳에 있었다.

2

안방에 초대받는 서비스맨들

서비스 이야기

서비스를 잡으면 판매를 확실히 잡을 수 있다. 서비스 사원은 고객의 집안까지 들어갈 수 있는 유일한 사람이다. 영업사원은 아무리 들어가고 싶어도 못 들어간다. 고객이 문을 열어주지 않기 때문이다. 조사요원도 못 들어간다. 전화도 제대로 받아주지 않는다. 서비스 사원만이 고객의 안방도 들어가고 주방도 들어간다. 그것도 고객의 초대을 받아서 들어간다.

서비스 사원은 고장 난 제품만이 아니라 다른 제품도 얼마든지 볼 수 있다. 자기 회사 제품만이 아니라 타사 제품도 볼 수 있다. 그런데 이 아까운 기회를 수리만 하고 나온다. 가장 중요한 자원이 손 안에 있는데도 쓰지 못하고 있는 것이다.

당신이 만들면 다릅니다

구호팀보다 먼저 출동하는
전자서비스

38년 동안 여러 회사에서 직장생활을 해왔는데 가장 열심히 일하는 사람들은 삼성전자서비스 사원들이었다. 내가 재직할 당시 삼성전자 영업부문에서 마케팅 조사를 했는데 삼성전자 제품을 사는 이유 중 1위가 '서비스가 좋기 때문'으로 나왔다. 삼성전자 제품을 사는 고객의 38%가 서비스가 좋기 때문에 산다고 대답한 것이다. 삼성전자가 후발로 시장에 진입해 1위를 확보하기까지 기술 개발 노력도 많이 기여했지만 애프터서비스가 큰 역할을 했다는 것을 증명한 셈이었다.

사실 삼성전자서비스에는 여름휴가가 없다. 남들이 즐겁게 휴식을 취하는 한여름이 가장 바쁘다. 여름 수재가 나면 현장에 제일 먼저 출동 하는 것이 삼성전자 서비스맨이다. 어느 봉사 단체보다 먼저 간다. 물이 빠지기 전, 고무보트로 이재민을 실어 나를 때 벌써 삼성전자 서비스맨은 수재현장에 가 있다. 수리차량은 물론 텐트, 전기기구, 수리대, 제품을 세척할 초대형 고무 함지박, 세척 솔, 고무호스, 각종 수리공구, 부품 등을 가지고 현장에 나간다. 물에 젖은 전자 제품은 최대한 빨리 세척하고 수리해야 제 기능을 찾을 수 있기 때문이다.

보통 학교 안이나 역 앞 광장에 임시 서비스센터를 설치하고 새벽부터 밤늦게까지 수리에 들어간다. 제품을 꺼내고, 세척하고, 말리고, 분해하고, 수리하고, 조립하고, 옮기는 중노동이 계속된다. 때로는 집에서 미처 꺼내지 못한 제품을 함께 옮기거나 청소를 도와주기도 한다. 이러한 활동은 모두 무료다. 부품 값도 받지 않는다. 오히려 현장에 세탁기를 설치해 무료 세탁소를 운영하기도 한다.

빛나는 땀방울로 완성되는 서비스

임시 서비스센터의 마당은 가전제품으로 가득 차 텔레비전, 냉장고, 세탁기, 선풍기, 전기밥솥, 전자레인지, 에어컨 등 없는 제품이 없다. 물에 젖은 휴대전화도 나오고 마이마이 같은 미니 녹음기도 있다. 접수 순서에 따라 제품별로 분류한 줄이 빙글빙글 운동장을 몇 바퀴 돈다.

그러다 비라도 내리면 전쟁이다. 건조한 가전제품을 모두 실내로 옮겨야 하고 실내로 옮기지 못한 제품은 비를 맞지 않게 텐트나 비닐을 씌워야 한다. 임시 서비스센터에 접수한 가전제품은 조금만 시간이 늦으면 철판이 부식되어 제품을 못 쓰게 되므로 빠른 시간 내에 수리해야 한다. 가장 중요한 것이 맑은 물로 세척해 말리는 작업이다. 부품 하나하나를 맑은 물에 솔로 닦아내야 한다.

부품을 바꾸고 끊어진 회로를 연결하는 수리는 오히려 쉽다. 제품을 씻어내고 옮기는 일이 중노동이다. 뜨거운 여름 햇볕에 피부가 벌겋게 부풀어 올라 화상을 입는 것은 기본이었다. 피부는 따끔따끔 거리고 곳곳에 물집도 생겨 저녁이 되면 모두 끙끙 앓아누웠다.

물론 집에도 가지 못한다. 보통 2주 정도는 합숙하며 수재 복구를 지원한 뒤 2주가 지나면 다른 사원들과 교대한다. 가족들이 방문해 갈아입을 옷을 전달하기도 하지만, 전국에서 서비스 사원을 차출해 수재 지역에 파견하기 때문에 2주 동안 제대로 옷도 갈아입지 못하고 생활하는 경우도 많다. 그래도 현장에 가면 한 개의 제품이라도 더 살리려고 혼신의 힘을 다 하고 따끔대는 화상이나 계속된 작업으로 인한 허리 통증도 잊고 수리에 몰두한다. 그들의 땀방울이 빛나는 순간이다.

서비스맨이 외교관 역할하는 회사

수해가 지나고 나면 그 지역은 삼성전자 제품이 잘 팔려 지역 대리점 사장들이 좋아한다. 서비스맨들의 노력이 결실로 나타나는 것이다. 상습 수재지역에 가보면 전자제품의 시장점유율을 곧바로 알 수 있다. 마당에 펼쳐져 있는 가전제품의 수를 보면 저절로 계산이 된다.

총괄 사장이 서비스를 순회할 때도 이때다. 평상시는 서비스를 주제로 사장과 이야기할 기회가 별로 없으나 수재 시에는 총괄사장도 현장을 순회하며 고생하는 서비스 사원들을 격려한다.

이를 위해 삼성전자서비스는 매년 2, 3월부터 여름 대책을 세운다. 수재 시에 동원할 인력도 미리 정해 놓고, 태스크포스 팀장도 지역별로 정해 놓는다. 상습 수재지역의 경우는 미리 임시 서비스센터 후보지까지 결정해 놓는다. 수재에 동원할 장비도 미리 점검하고 예행연습도 한다.

여름은 수재뿐만 아니라 에어컨, 냉장고 수리도 폭주하는 시기다. 특히 에어컨은 수리 인력이 한정되어 있어서 임시 인력을 어떻게 확보하느냐가 서비스의 질과 직결된다. 그렇기에 휴가는 여름을 지나 추석 때나 돼서야 갈수 있다.

이렇게 열과 성을 다해 일한 덕분에 국내 삼성전자서비스 인력은 해외서도 인기다. 해외 영업이 어려운 지역이 있으면 국내 서비스에 지원 요청이 온다. 주로 선진국보다 후진국을 많이 간다. 아시아는 물론 아프리카까지 가서 서비스를 지원해 주기도 한다. 적은 인원이 나가서 도와도 그 반응이 매우 좋다.

한국의 서비스 수준은 기술이나 고객만족도에서 세계 제일이다. 서비스맨들이 민간 외교관 역할을 하는 셈이다.

삼성전자라는 세계 초일류 기업의 바탕에는 이러한 사원들의 노력이 숨어 있는 것이다. 서비스력이 가장 강하고 감동적인 영업력임을 현장의 서비스맨들이 증명하고 있다.

'매우 만족'에
미친 사람들

삼성전자서비스는 철저한 고객만족도 평가시스템을 갖추고 있다. 고객이 제품에 문제가 있어서 애프터서비스를 받고 나면 3일 이내에 서비스에 대한 만족도 조사를 했다. 이 조사를 전담하는 상근 인력만 100명 가까이 됐다.

고객만족도는 5등급으로 평가하는데 매우 만족, 만족, 보통, 불만, 매우 불만으로 평가했다. 매우 만족은 100점, 만족은 75점, 보통은 50점, 불만은 25점, 매우 불만은 0점이었다. 내가 근무했을 때의 평균 점수는 91점으로 매우 만족과 만족의 중간점수였다. 만족이 75점인데 75점이 나오는 사원은 거의 없었고, 부진한 사원도 80대 초반의 점수는 유지했다.

이 고객만족도가 주간단위로 개인별, 팀별, 서비스 센터별, 사업부별로 집계되었다. 삼성전자서비스의 모든 사원이나 간부는 이 고객만족 점수가 가장 중요한 업적평가 항목이었다. 이에 따라 시상을 하고, 인사 고과에 반영하고, 상여금을 주고, 연봉을 결정했다. 또 서비스센터 단위로 90점 이상을 10주 이상 지속하면 우수센터란 명예를 주고 시상을 하며 상패를 부착해 놓았다. 20주를 돌파하면 더 큰 상을 주었고 30주, 40주, 50주 단위로 누적 고객만족도가 올라감에 따라 더욱더 큰 상을 주었다. 한 주라도 90점 이하로 떨어지면 처음부터 새로 시작해야 했다. 상패의 표시나 컬러도 달랐다. 업적이 뛰어난 서비스센터는 여러 색의 상패가 훈장처럼 걸려 있었다. 이것이 서비스인의 최고 영예였다. 내가 근무할 당시에는 70주 연속 돌파한 센터까지 있었다.

고객만족에 핑계는 없다

서비스에 예외는 없다. 노사 협의회 때마다 사원들은 여러 문제를 제기하기도 했는데 들어보면 사원들 입장에서 억울한 경우도 많았다. "주차장이 없어서 고객이 불만인데 왜 수리사원이 책임져야 합니까?", "부품이 품절인데 저희가 어떻게 수리를 합니까?", "인력이 부족한데 어떻게 합니까?" 등 개별 사원의 책임으로 돌리기에는 사리에 맞지 않는 점도 많았다.

그래도 달래는 수밖에 없었다.

"고객 입장에서 생각하자. 서비스란 회사가 저지른 모든 일, 앞의 사람이 저지른 모든 일을 최종적으로 회사를 대표해 해결해 드리는 곳이다"라고 설득했다.

그랬더니 사원들이 스스로 방법을 개발했다. 주차장이 없는 센터는 미리 예약을 하게하거나 아니면 차도까지 나가 차에서 제품을 접수받고 수리 완료 예정 시간을 약속했다. 기간이 지난 부품을 구하기 위해 재활용센터를 뒤지는 사원들도 있었다. 여름철에 몰리는 에어컨, 냉장고 수리 인력을 확보하기 위해 외부인력 DB를 만들기도 했다.

서비스 사원 한 사람, 한 사람의 고객만족을 위한 노력은 정말 눈물겹다. 큰 마음 먹고 휴대전화나 텔레비전을 샀는데 고장이 났다면 기분 좋을 사람은 없을 것이다. 모두 처음에는 화를 내고 기분 나빠했다. 서비스 사원은 이런 고객을 기쁘게 해드려야 한다.

처음 고장 신고 전화를 받을 때부터 친절한 응대는 기본이고, 고장 원인에 대한 자세한 설명, 제품 사용법에 대한 안내 등 다양한 서비스를 했다. 냉장고 수리를 하러 집을 방문했다면 수리가 끝난 후 텔레비전이 잘 보이도록 조정해 주거나 케이스를 열고 내부 청소를 해주기도 했다. 때로는 냉장고 안에 동파이프 조각을 넣어 냄새가 안 나게 하는 방법을 알려주었다. 이른바 '플러스 원 서비스', 고객이 필요로 하는 서비스를 한 가지 더 해주는 것이다.

고객만족도 100점에 도전하라

수리가 끝난 후에는 본사에서 해피콜을 하기 전, 수리한 사원이 먼저 전화를 걸어 이상 유무를 확인했다. 어떤 고객 중에는 너무 전화를 많이 한다고 불평하는 사람이 있을 정도였다.

진짜 잘하는 사원은 고객만족도 100점을 유지했다.

성남 서비스센터에 근무하는 어떤 사원은 주고객이 장애인이었다. 한 장애인 고객에게 잘 해주었더니 소문이 나서 장애인 고객들은 이 사원에게만 서비스를 맡겼다. 장애인 고객으로부터 전화를 받으면 센터 앞에 나가 기다렸다가 고장 제품을 받아오고 수리가 끝나면 전화를 하고 들고 가서 전달했다. 이렇게 정성을 다해 고쳐주고 친절히 해주었기 때문에 항상 '매우 만족'이었다.

고객 만족도 96, 97점이 나오는 사원은 많았다. 하지만 1주일이면 서비스 건수가 가전제품의 경우 약 30건, 휴대전화의 경우 100건 가까이 되는데 고객만족도가 95점 이상 나온다는 것은 쉬운 일이 아니었다. 10건을 수리했을 경우 '매우 만족' 9건에 '불만' 1건이 나와도 고객만족도는 92.5다. '매우 만족' 9건, '보통' 1건일 때 95점이다.

실제로 서비스 사원은 모두 '매우 만족' 환자 같았다. 실시간으로 뜨는 컴퓨터 화면을 띄워 놓고 '보통'이 한 건만 나와도 울상이었다. 본인의 고객만족도 점수는 본인에게만 영향이 있는 것이 아니라 팀이나 센터 전체의 명예에 영향을 미치기 때문이었다.

　고객만족도가 떨어지는 사원은 센터에서 별도로 과외공부를 받기도 했다. 무뚝뚝한 경상도 사나이는 발음을 고치기 위해 볼펜을 입에 물고 발음 연습을 하기도 했고, 거울을 보고 웃음 연습을 하는 사원들도 많았다. 어떤 사원은 집에서 부인을 상대로 장기간 롤플레잉을 해 문제를 극복하고 우수사원이 되기도 했다. '매우 만족' 뒤에는 피나는 노력이 숨어 있었다. 서비스력은 기술을 뛰어 넘는 경쟁력이다.

고장수리에 동행하는
대표이사

삼성전자서비스 경영책임을 맡았을 때 가끔 고객 가정을 직접 방문하기도 했다. 텔레비전, 냉장고 등 고장수리 요청을 한 가정을 서비스 전문 기술자와 함께 방문했다. 실제 서비스 프로세스도 관찰하고 고객의 반응도 보기 위해서다. 나는 기술자가 아니라 제품을 고칠 줄은 모르지만 분위기는 느낄 수 있다. 정해진 매뉴얼대로 활동 하고 있는지, 그 매뉴얼은 현실성이 있는지, 어떻게 개선하면 좋은지 감은 잡을 수 있다. 애프터서비스는 제품 수리도 중요하지만 고객의 마음을 풀어 주는 것이 더 중요하므로 고객과 이야기 하면서 마음을 치유해 주는 서비스를 구상하는 기회가 되었다.

콜센터를 통해서 고장 신고를 접수하고 방문 약속 시간까지 정했지만, 방문 한 시간 전쯤 다시 확인 전화를 한다. 방문 전에 고객의 수리 기록을 점검하고 고객의 집 앞에 와서는 다시 전화해서 방문한다는 사실을 알린다. 벨을 누르고 안에 들어가면 고객의 불평이 쏟아진다. 회사가 보증하는 무상 수리 기간은 1년인데 고객은 3, 4년 된 제품도 신제품으로 생각한다. 모든 기계는 언젠가 고장이 날 수 밖에 없는데 고장 안 나는 것이 정상이라고 생각한다. 서비스 사원은 제품을 고치는 것만 아니라 이러한 고객의 불만에 적절히 응대해야 한다. 조금도 언짢은 기색 없이 고객과 함께 안타까워해야 한다.

텔레비전 같은 제품은 오히려 쉽게 고친다. 케이스를 뜯어보면 제품을 산 후 한 번도 청소를 안 한 듯 내부에 먼지가 솜이 불을 뜯어 놓은 듯 겹겹이 쌓여 있는 경우도 많다. 불똥이라도 튀면 당장 불이 일어날 것 같다. 우선 청소부터 한 뒤 고장 원인을 찾아 수리한다. 고객에게 고장 원인에 대해 자세히 설명하고 사용상의 주의점도 알려 드린다.

세탁기 수리하러 가서 냉장고도 고쳐준다

냉장고나 세탁기 같은 수리는 옮기기도, 뜯기도 힘든 중노동이다. 공간이 좁기 때문에 손놀림도 어렵다. 그러나 농담도 해가며 고객의 이야기도 들어가며 수리한다. 제품을 다 고친 후에는 고객이 직접 시험해 보도록 한다. 꼼짝 않던 세탁기가 시원하게 돌아가고 냉장고에선 기다리던 찬바람이 나온다.

수리가 다 끝나고 나면 다른 고장 난 제품이 없는지 물어본다. 그러면 대부분 오래된 라디오부터, 선풍기, 에어컨까지 문제를 이야기한다. 큰 고장이 아니면 무료로 점검하고 타사 제품이라도 간단한 것은 고쳐 준다. 냉장고의 냄새를 없애는 방법도 알려 주고, 텔레비전의 화질도 조정해 준다. 그리고 수리비를 받는다. 처음 고장 원인을 진단하면서 예상 수리비를 알렸을 때 비싸다고 불평하던 고객도 이때쯤 되면 아무 말씀 없이 수리비를 주고 차도 내온다. 고객의 표정을 보면 매우 만족인지, 만족인지, 보통인지 고객만족도를 바로 알 수 있다.

특히 대표이사와 동행하면 고객만족도가 높게 나온다. 처음에 고객에게 명함을 내밀면 의아해 한다. 고객님 의견도 들을 겸 서비스 사원을 도와주기 위해 나왔다고 하면 그제야 이해한다. 사원이 수리하는 동안 고객과 이런 저런 이야기를 나눈다. 고객은 자기 이야기를 들어주는 것을 고마워한다.

대표이사와 동행하는 서비스 사원은 전문가를 붙여 준다. 수리 기술은 물론 고객 대응 능력도 뛰어난 사원이다. 옆에서 보아도 정말 잘한다. 대표이사가 옆에 있어도 조금도 당황하거나 기죽지 않는다. 오히려 자기 할 이야기를 소신껏 다 한다. 자신감과 자부심이 대단하다. 자신감은 실력에서 나오는 것임을 실감한다. 제품만 고치는 것이 아니라 고객의 마음까지 고치는 서비스맨이 프로다.

서비스를 잡으면 판매가 따라온다

삼성전자서비스를 삼성전자에서 독립해 별도 회사를 만들 때 계획은 전국적 서비스 네트워크를 만드는 것이었다. 나 혼자만의 생각에 그쳤지만 타사 제품까지 서비스하며 가정별 가전, 정보, 통신 제품 토털 카운슬링 조직을 만들고 싶었다. 각 가정의 모든 전자, 통신 제품에 대한 사용설계도 해주고, 구매 조언도 하며, 비포(before)서비스도 하고, 애프터서비스도 하는 가정 컨설팅 조직을 만들고 싶었다. 그 당시 삼성전자 제품의 유통량이 약 1,300만 대에 달하고 있었기 때문에 그러한 인프라 구조를 구축하기에는 삼성전자가 가장 유리한 입장이었다.

서비스 사원은 고객의 안방까지 초대받아 들어가 고객과 한두 시간을 함께 보낸다. 이것저것 제품에 대한 이야기를 나누며 고장 원인도 설명하고, 사용방법도 이야기한다. 구매한 지 얼마 되었는지, 고객이 그 제품에 대한 불만은 무엇인지, 어떻게 사용하고 있는지 알 수 있다. 고객에게 필요한 제품이 무엇인지도 알 수 있다. 고객의 성향도 알 수 있다. 고객의 소득 수준, 문화 수준, 브랜드에 대한 이미지도 알 수 있다. 고객도 이것저것 궁금한 것을 물어본다. 서비스 사원만큼 확실히 고객과 시간을 보낼 수 있는 사람은 아무도 없다. 이 절호의 기회를 살리는 것이 마케팅 포인트이다.

삼성전자서비스 대표이사를 맡으면서 짧은 기간이지만 서비스를 경영자원화하기 위해 노력했다. 우선 100억 원 이상을 투자해 서비스정보 시스템을 만들었다. 제품 품질 정보를 실시간으로 제조 사업부에 전달하고, 정확한 고장을 진단하며, 서비스 인력의 기술 지원, 원격 진단까지 가능한 시스템이었다. 기술력이 떨어지는 사원이 수리를 하더라도 쉽게 원인을 찾아내고 정확히 수리할 수 있도록 지원하는 데 중점을 두었다.

또한 사이버(Cyber) 서비스센터를 개설하고 가정별 주치의 제도(홈닥터 서비스 제도)를 도입했다. 고객이 사이버 서비스 센터에 들어와 예약을 하고 본인이 원하는 서비스 사원까지 지정할 수 있도록 했다. 고객도 편하고 서비스 센터도 효율을 높이려면 정확한 시간 예약이 필수인데 그것을 인터넷으로 고객 스스로 하도록 한 것이다. 물론 본인의 수리 기록도 조회할 수 있다. 각종 제품에 대한 정보, 제품 사용 설명도 사이버 서비스 센터를 통해 알 수 있다.

서비스를 바꾸면 고객이 저절로 찾아온다

홈닥터 서비스는 연간 계약으로 가전제품, 통신제품, 컴퓨터까지 종합관리해 주는 제도다. 고객별로 전담 서비스 사원도 지정해 놓는다. 이 서비스 사원은 정기적으로 고객을 방문해 사전에 제품을 점검하면 된다.

애프터서비스를 비포서비스 체제로 바꾸는 전략이었다. 모든 기계는 평상시 유지 관리가 중요하다. 그런데 가정에서 쓰는 텔레비전이나 냉장고를 유지 보수하는 경우는 드물다. 고장이 나야 신고한다. 호미로 막을 일을 가래로 막게 되는 것이다. 건강할 때 건강을 관리하듯 가전제품도 잘 돌아갈 때 잘 관리해 주고 싶었다. 그러면 제품 수명도 길어지고 고장도 나지 않아 고객도 좋고 회사도 좋다.

이러한 홈닥터 서비스를 주제로 신문 광고도 했다. 제조회사가 애프터서비스를 하나의 상품으로 보고 광고를 한 것은 매우 이례적인 일이었다. 좀 엉뚱하지만 상품권까지 발행했다. 그러나 홈닥터 서비스는 처음에 목돈이 들어가기 때문인지 활발히 보급되지 않았다. IBM이 기계 자체의 영업보다 유지 관리, 컨설팅에 더 중점을 두듯, 유지 관리가 중요한 사업 영역이 될 수 있다. 유지 관리의 사업화가 주요 테마로 떠오르고 있는 것이다.

삼성전자의 직영 판매 체인인 리빙프라자에 서비스센터가 들어간 것도 이때부터였다. 리빙프라자에 서비스센터가 들어가면 매출이 올랐다. 우선 판매점에서 서비스를 책임지니 고객이 안심할 수 있다. 서비스센터는 항상 고객이 많이 모이는 장소인데 특히 휴대전화 판매량이 늘어나면서 서비스 센터는 항상 만원이었다. 그러면서 절로 리빙프라자 고객이 늘어났다. 서비스센터 방문 고객이 제품을 고치는 동안 자연스럽게 매장을 돌아보고 구매까지 연결된 것이다.

마케팅은 고객이 찾아오도록 하는 것이고 그렇게 하기 위해 막대한 비용을 들인다. 그런데 서비스센터가 있는 리빙프라자는 고객이 저절로 찾아 온다. 오라고 안 해도 오고, 오게 하는 데 비용도 들지 않는다. 고객이 모이고, 고객이 머무는 곳에 매출이 있다. 서비스를 잡으면 매출이 늘어난다.

3

강한 브랜드는 눈을 멀게 한다

브랜드 이야기

백설표 설탕, 샘표 간장, 진로 소주 등 식품, 조미료, 주류 쪽에 몇 개의 강한 브랜드가 있었으나, 조미료 미원과는 비교가 되지 않았다. 적어도 1970년대의 미원은 우리나라에서 음료의 코카콜라나 진통제의 아스피린과 필적할 정도의 브랜드력을 가졌다.

선발 브랜드인 미원은 조미료의 대명사였다. 미원과 경쟁할 상대가 없었다. 미원은 우리나라 최대 식품 회사인 제일제당을 꽁꽁 묶어 놓은 강한 브랜드였다. 아무리 떠들어대도 소비자들에게 제일제당의 조미료 미풍은 미원이 아니었다. 광고를 해도 소용이 없었다. 미풍은 미원의 유사 제품일 따름이었다.

1970년대 '미풍 vs 미원' 전쟁을 치르고 80년대 '다시다 vs 맛나' 경쟁을 하면서 하고 싶은 마케팅은 모두 해보았다. 머리가 모자라고 아이디어가 없어서 못해 보았지, 하고 싶은 것을 못해 본 것은 없다. 국내외 쟁쟁한 자문 교수들의 도움도 많이 받았다. 조사 회사, 광고 회사, 판촉 회사의 도움도 많이 받았다. 이렇게 해서 성공한 다시다는 브랜드와 마케팅의 궁금증을 풀어주는 종합 사례이다.

당 신 이 만 물 면 다 롭 니 다

다윗과 골리앗의 포지셔닝

큰 회사와 싸우면 커진다. 1970년대 미원은 제일제당이 키웠다. 조미료 전문기업인 미원이 대그룹으로 올라선 동력은 미풍, 미원 싸움에서 생긴 것이다. 미풍과 경쟁하면서 중소기업 규모이던 미원은 대기업으로 성장했고 미원이라는 강한 브랜드가 생겼다. 비슷하게 오뚜기는 미원과 경쟁하면서 컸다. 미원은 세계적인 브랜드인 크노르수프, CPC 마요네즈 등을 들여와 놓고도 중소전문기업 오뚜기를 이기지 못하고 굴복했다. 그 바람에 오뚜기는 식품 업계에서 가장 영업력이 강한 회사로 알려지게 됐다.

나는 이것을 '다윗과 골리앗의 포지셔닝'이라고 이름붙였다. 지명도가 낮은 제품이 가장 빠르게 성장하는 방법은 큰 브랜드와 맞붙는 전략이다.

미원은 미풍이나 제일제당을 상대하지 않고 삼성을 끌어들였다. 삼성과 싸우는 중소기업 미원으로 포지셔닝했다. 절묘한 포지셔닝이다.

미원의 전략은 동정심을 끌어 모으는 전략이었다. 미원은 경쟁상대를 미풍으로 보지 않았다. 제일제당으로도 보지 않았다. '거대 기업 삼성이 중소기업 미원을 죽이려 한다' 고 엄살을 떨었다. 의외로 이러한 전략은 잘 먹혀들어 갔고 매스컴은 이러한 경쟁을 흥미 있게 보았다. 물론 약자인 미원의 편에 서서 기사를 썼다. 미풍이 조금만 공격 전략을 펴면 조미료 전쟁 1라운드, 2라운드 해가며 흥미 위주의 기사를 썼다.

"왜 특정 회사의 광고를 공기업에서 해주나요?"

미풍은 조미료 시장 점유율을 끌어올리려고 꾸준히 새로운 시도를 했다. 경품 판매를 처음 시작한 것도 미풍이고, 프리미엄 판매를 처음 시작한 것도 미풍이다. 이때마다 미원은 즉각적으로 더 강하게 따라 왔다. 어떤 때는 의도적으로 사회적 문제를 일으켰다. 언론의 시선을 끌기 위한 전략이었다. 그러면 또 신문에 미풍의 최대 약점인 삼성과 미원의 전쟁 이야기가 보도되었다. 신문에 나면 관련된 간부들은 꾸중을 듣고, 전략은 미완성인 채 다음 단계로 넘어 갔다.

그중 재미난 에피소드가 있다. 한국전력에서 사원들이 전기
요금 영수증에 대한 아이디어를 냈다. 전기요금 영수증 뒷면에
광고를 싣게 되면 인쇄 요금도 들지 않고 약간의 수입도 올릴
수 있다는 것이었다. 이 영수증 뒷면 광고를 미풍이 했다. 그러
자 지방의 한전 영업소에 정체불명의 아주머니들이 몰려들어
항의를 했다. "왜 특정 회사의 광고를 공기업에서 해주냐?"는
것이다. 어떻게 알게 되었는지 이 내용이 신문에도 났다.

결국 한전은 손해를 배상하고 미풍 광고를 중지시켰다. 시끄
럽게 사회적 문제로 만드는 미원의 전략이 또 한번 성공한 것
이다.

이렇게 미원은 홍보나 그룹 이미지에 각별한 관심을 기울이
는 삼성을 잘 활용했다. 신문에 기사가 나면 제일제당은 비상
이다. 기사가 난 배경을 해명해야 하고, 전략의 실효성까지 경
영층을 납득시켜야 했다. 실제로 조미료는 경영자들의 무덤과
같았다. 많은 경영자나 간부들이 조미료 사업을 맡았다가 옷을
벗었다. 약자의 전략은 공격 전략인데 적극적인 영업 전략을
쓰기 어려웠다. 당시 담당자들은 미풍으로 인한 신문 보도가
가장 두려웠다.

약자의 전략을 쓸 수 없었던 미풍

삼성 입장에서는 미풍은 골치 아픈 존재였다.

전자, 금융, 무역을 중심으로 세계적인 기업으로 성장시키

고, 우리나라 1등 기업답게 국민의 존경을 받는 이미지를 갖고 싶은데 미풍은 도움이 되지 않았다. 경쟁이 치열한 만큼 수익성이 있는 것도 아니었다. 삼성그룹의 입장, 제일제당의 입장을 배려하다 보니 미풍이 쓸 수 있는 전략은 한계가 있었다.

삼성이나 제일제당은 크지만 조미료만 놓고 보면 미원보다 미풍이 약자인데 모두들 미풍을 강자로 생각했다. 소비자만이 아니라 유통에서도 똑같이 생각했다. 작은 회사가 조미료 하나 가지고 살려고 하는데 좀 봐주지 뭘 그러냐는 것이다.

재미난 것은 외부만이 아니라 내부도 비슷한 생각을 가지고 있었다. 미풍이 약자인데 미풍은 신사적으로 영업하고, 미원은 약자의 자세로 악착 같이 활동했다. 시장의 식품점에서는 미원은 자기들과 비슷한 계층의 사람으로 생각하고 미풍은 큰 회사 사람으로 생각했다.

미원은 미풍을 호남 기업 대 영남 기업으로도 포지셔닝했다. 호남 지역의 대기업이 없던 시기라 이러한 전략도 영남을 제외한 다른 지역에서는 잘 먹혀들어 갔다. 실제로 호남 지역은 미풍의 불모지였다. 덩달아 삼성의 이미지까지 좋지 않았다. 물론 호남 지역에서의 삼성 이미지는 훗날 삼성생명의 영업이 활성화되고, 삼성전자 광주공장이 들어서면서 많이 좋아졌다.

소비자의 동정심도 강력한 후원이다. 빨리 뜨고 싶다면 '골리앗'을 잘 골라라.

눈 멀고 혀 멀게 하는
브랜드

소비자의 편견은 무섭다. 한번 머릿속에 고정관념이 자리 잡으면 좀처럼 바뀌지 않는다.

사실 미풍, 미원은 단일 화합물이다. 분자가 똑같다. 그런데도 소비자는 미원은 맛있고, 미풍은 맛이 없다고 생각한다. 아무리 설득해도 믿지 않는다. 나이든 사람만이 아니라 젊은 사람들도 마찬가지고 공부를 많이 하고 충분히 이해할 것 같은 지식층도 마찬가지다. 가족조차 아무리 이야기해도 믿으려하지 않는다. 제품을 매일 쓰면서도 믿지 않고 자기 회사 제품이니까 그렇게 이야기 한다고 생각한다. 특히 조미료는 혼자서 맛을 내는 것이 아니라 다른 음식이나 식재료의 맛을 도와주는 것이기 때문에 더욱 설명이 어렵다.

핵산조미료를 개발했을 때 핵산조미료 2.5%를 섞은 제일제당의 아이미보다 핵산조미료를 0.5% 섞은 복합 미원을 더 좋게 생각했다. 실제 맛 테스트를 해보면 아이미 맛이 더 좋은데 인정하려 하지 않았다. 생각이 맛을 만드는 것이다. 자신이 믿는 대로 맛은 느껴지는 것이다.

행동과학연구소와 마케팅 조사를 하며 정식으로 미원과 미풍의 맛 테스트를 한 적이 있다. 비교적 맛에 민감한 요리학원 수강생을 대상으로 미풍, 미원의 맛을 비교 조사했다. 조미료는 그냥 맛 볼 수 없기 때문에 가장 담백한 국물인 콩나물국을 끓이고 똑같은 양의 조미료를 넣어 어느 쪽의 맛이 좋은지 의견을 말하도록 했다.

소비자는 자신의 기분을 더 믿는다

물론 피조사자들에게는 조사설계에 대해 이야기하지 않았다. 두 개의 콩나물국 맛을 보고 어느 것이 좋은지 맛에 대한 이야기를 하게 했다. 단지 무슨 조미료를 넣었는지는 알려준다. 미리 콩나물국 앞에 집어넣은 조미료 용기를 놓아두었다.

먹는 순서에 대한 오차를 줄이기 위해 반은 오른쪽 국부터 맛보고, 반은 왼쪽 국부터 맛보도록 했다. 한쪽 국을 먹어 본 다음에는 맹물로 입을 가시고 새로운 국을 맛보도록 했다.

처음에는 미풍과 미원 제품을 제대로 넣고 테스트했다. 조미료도 제대로 넣고 넣은 조미료의 브랜드도 제대로 알려주었다. 물론 미원을 넣은 콩나물국이 좋다는 반응이 높게 나왔다. 정확히 숫자는 기억하지 못하지만 6대 4 정도 나왔던 것으로 기억된다.

다음은 두 국에 똑같이 미풍을 넣었다. 그러나 피조사자들에게는 하나는 미풍을 넣었고, 또 다른 하나는 미원을 넣었다고 알려주었다. 그리고 어느 쪽 맛이 좋은지 물어 보았다. 미원을 넣었다고 말한 국이 더 맛이 좋은 것으로 나타났다. 좋아하는 비율은 앞의 조사 결과와 비슷했다.

다음은 양쪽에 똑같이 미원을 넣었다. 같은 조미료를 넣은 것이다. 그러나 피조사자들에게는 하나는 미원을 넣었고, 또 다른 하나는 미풍을 넣었다고 알려주었다. 그리고 어느 쪽 맛이 좋은지 의견을 이야기해 달라고 했다. 역시 미원을 넣었다고 이야기한 국이 미풍을 넣었다고 이야기한 국보다 맛이 좋다는 의견이 많았다.

그 다음은 반대로 조미료를 넣었다. 미풍을 넣었다고 이야기한 국에는 실제는 미원을 넣었고, 미원을 넣었다고 이야기한 국에는 실제는 미풍을 넣었다. 그리고 피조사자들의 의견을 물어보았다. 실제는 미풍을 넣고 미원을 넣었다고 이야기한 쪽의 국이 더 맛있다는 의견이 많이 나왔다.

놀랍게도 조미료를 넣은 국의 맛은 실제로 어떤 조미료를 넣었느냐와 관계가 없었다. 어떤 브랜드를 넣었다고 알고 있느냐에 따라 맛이 정해지는 것이었다. 실제로 국에 넣은 조미료가 무엇이든 미원을 넣었다고 표시된 국이 더 맛있게 느껴지는 것이다. 입맛이 민감하다는 요리학원 수강생도 이런 반응이 나왔으니 일반 소비자는 더 말할 것도 없었다.

이 실험결과는 연구에 참여한 행동과학연구소 연구원이 논문으로 써서 발표했고 그 내용이 언론에 보도되기도 했다. 똑같은 성분의 제품을 놓고 맛 테스트를 한다는 것 자체가 우스웠다. 그러나 소비자들은 객관적인 사실보다 자신의 기분을 더 믿는다는 것을 보여준 실험이었다.

강력한 브랜드는 사람의 입맛도 바꾼다. 눈만 멀게 하는 것이 아니라 혀도 멀게 한다.

비슷한 브랜드가
골칫거리

미풍이 미원과 경쟁하면서 가장 어려웠던 것은 차별화다. 미풍, 미원의 주성분은 99.9% 글루타민산나트륨(Glutamic Acid Sodium) 한 분자로 되어 있다. 결국 두 제품의 성분이 똑같기 때문에 제품 차별화가 어렵다.

본래 이름은 글루타민산나트륨이고, 화학조미료, 맛나니란 이름이 있으나 모두 생소하고 흔히 불리는 이름이 아니다. 그냥 조미료는 간장, 소금, 고추 가루, 깨소금 같은 천연 조미료가 있기 때문에 쓸 수가 없다. 그러다 보니 조미료 글루타민산나트륨을 부르는 이름은 자연스럽게 미원이 되었다.

1956년에 처음 탄생한 미원은 아지노모토(Ajinomoto)의 이미지도 이어받았다. 글루타민산나트륨을 처음 사업화한 것은 일본의 아지노모토다. 미원이 나오기 전에는 아지노모토가 귀한 조미료로 판매되고 있었고 우리나라 고소득층에서는 아지노모토를 잘 알고 있었다. 아지노모토의 한자 표기는 '味の素'다. 미원의 한자는 '味元(미원)'인데 한자의 '元(원)'은 일본어로 읽으면 '모도'가 된다. '味元'을 일본어로 읽으면 '아지모도'가 된다. 그런 효과를 의식하고 이름을 지었는지 우연인지는 알 수 없으나, '味元'은 아지노모토를 떠올리게 했다. 그렇게 해서 글루타민산나트륨은 특별한 이름 없이 조미료 회사의 브랜드인 미원으로 불리게 되었다.

그런데 후발 조미료 회사도 미원과 비슷한 미풍(味豊)이란 이름을 붙였다. 제일제당에서 미풍을 생산한 것은 1964년부터인데 미풍은 제일제당이 지은 이름이 아니다. 미풍이란 조미료를 생산하던 원형산업이란 조미료 회사를 인수하면서 브랜드도 함께 따라온 것이다. 이 비슷한 브랜드가 두고두고 골칫거리였다.

강력한 브랜드의 힘

제품도 차별화가 안 되는데 이름마저 차별화되지 않으니 싸움이 붙을 때마다 미원의 지명도만 올라갔고, 미원의 수요만 늘려 주었다. 미풍이 새로운 전략을 쓰면 쓸수록 미원은 가만히 앉아서 효과를 보았다. 미풍 광고의 반 이상은 미원 광고를 해주는 셈이었다.

그 당시 판매사원들은 점퍼 유니폼을 입고 영업활동을 했다. 유니폼에 미풍의 로고 마크를 크게 달고 다녔다. 등 뒤에는 가로 30센티 폭의 큰 마크를 부착했다. 요즘 그런 유니폼을 입으라고 하면 아무도 입지 않을 것이다. 조미료뿐 아니라 음료회사, 제빵회사 등 루트세일(route sale, 유통사원이 도매상을 거치지 않고 구멍가게까지 직접 물건을 공급하는 것)을 하는 회사는 모두 그런 유니폼을 입었다. 이런 유니폼을 입고 0.6톤짜리 소형화물차를 몰고 산동네를 돌며 영업활동을 했다. 100원 짜리 조미료를 10개, 20개 팔며 다녔다.

구멍가게 앞에는 초등학생들이 항상 모여 놀고 있었다. 영업도 하면서 가끔 아이들과 놀기도 했다. 그러면 아이들은 '미원 아저씨, 미원 아저씨' 하며 쫓아다녔다. 등에 '미풍' 이라고 시뻘겋게 큰 글씨를 붙였는데도 아이들 눈에는 '미원' 으로 보인 것이다. 조금이라도 광고효과를 살려보려고 판매사원들 유니폼에까지 로고를 크게 달았는데도 미원으로 읽힌 것이다.

브랜드란 사람의 눈을 가리는 정말 큰 마력을 가지고 있다.

처음부터 이름을 미원과 비슷한 발음이 나는 미풍으로 지은 것이 잘못이다. 처음부터 미원과 비슷한 컬러인 빨강색을 심볼 컬러로 쓴 것이 잘못이다.

미풍은 미원의 틀을 벗어나려고 열심히 노력했다. 미풍의 이름 변천만 보더라도 얼마나 고심했는지 알 수 있다. 처음에는 그냥 미풍이었다가 미원과 차별화하기 위해 '국자표 미풍'이라고 썼다. 국물 맛을 내는데 주로 사용하기 때문에 국자를 디자인으로 쓰고 국자표로 차별화한 것이다.

근본부터 모두 바꿔라

아지노모토와 기술 제휴해 품질을 개선하면서 기존 포장을 더 확대, 노랑 바탕에 빨강 글씨로 '아지노모토 미풍'이라고 썼다. 아지노모토 이미지를 활용하려 했으나, 그때는 반일 감정이 심하던 때라 별로 효과를 보지 못했다. 오히려 미원에게 민족기업 이미지만 심어 주었다.

아지노모토와 기술제휴가 끝나면서 '백설표 미풍'이 되었다. 알비티씨(RBTC) 공법을 도입하면서 '알비티씨 미풍'이란 이름도 썼다.

핵산조미료를 개발하면서 차별화를 시도했으나 '미' 자 굴레를 완전히 벗어나지는 못했다. 새로운 조미료 이름은 '아이미', '아이미 골드'로 지었다. 마지막 음절에서도 '미' 자를 떼어 냈으면 더 좋았을 텐데 조미료에는 '미' 자가 들어가야 한다는 잠재의식을 가지고 있었던 것 같다. '복합 미원'의 출현으로 이것도 성공하지 못하자, 다시 '백설표 조미료'로 돌아왔다.

다음 시도는 차별화 발상에서 시작됐다.

조미료를 과립화한 것이다. 과립화하면 빨리 녹기 때문에 음식의 맛이 더 좋아진다는 논리를 세웠다. 제품은 훨씬 커 보였다. 그러면서 백설표 조미료란 이름을 다시 썼다. 백설표 조미료와 함께 핵산 배합 비율을 강조하기 위해 2.5%, 8%란 숫자를 이름으로 썼다. 식품에 어울리지는 않지만 기발한 발상이었고 도전자만이 쓸 수 있는 전략이었다.

하지만 발상만큼 판매가 오르진 않았다. 국자표 미풍이든, 아지모토 미풍이든, 백설표 미풍이든, 알비티시 미풍이든 소비자들에겐 모두 미원에 뒤쳐진 미풍일 뿐이었다. 근본을 바꾸지 않는 한 이름만 바꾸는 전략은 효과가 없다.

소비자 평가는
광고보다 강하다

내가 처음 시장조사를 나갔던 것은 1972년 초여름이다.

시장조사 주제는 조미료 역전 전략을 짜기 위한 소매점 조사였다. 이런 거창한 테마를 입사 2년차 시절에 담당했으니 나는 마케팅 행운아다. 초안을 만들어 가져갔다가 모교 은사이자 자문 교수인 조관수 교수(성균관대 명예 교수)에게 꾸중만 들었다. 시장조사부터 새로 시작하라는 지시였다. 신당동 동사무소 앞에서 출발해 골목을 따라가며 식품점이 나오면 한 집 건너씩 조사를 하라고 하셨다.

우선 미풍, 미원 진열현황을 관찰해 기록하고, 가격을 체크하고, 점주에게 판매 비중, 고객 반응, 판매사원 방문, 효과적인 판촉 활동 등 몇 가지를 물어서 기록했다. 미풍을 취급하지 않는 소매점의 경우는 취급하지 않는 이유를 물어서 조사했다. 같은 팀 동료였던 백승래(전 두산식품 사장) 사원과 함께 땀을 뻘뻘 흘리며 조사했던 기억이 생생하다. 조사결과를 토대로 '미풍이 보이지 않는다', '미풍을 찾지 않는다', '미풍을 권유하지 않는다'는 3가지 문제점을 제시하고 대책을 세웠다.

국내 최초의 마케팅 조사

당시는 조사전문회사가 없었다. 유일하게 유한양행에 근무하셨던 김용한 사장이 독립해 유한SK라는 조사회사를 경영하고 있었을 뿐이었다. 당시 그 회사는 미국 대두협회의 의뢰를 받아 식용유에 대한 조사경험이 있었다. 조선호텔 옆에 있는 그 회사도 방문해 조언을 구했다. 그 외에는 대학 교수들이 학교 연구소나 개인 자격으로 조사한 실적만 있었다.

본격적인 마케팅 조사는 그 해 가을부터 시작했다. 마케팅 분야는 아니지만 교육 분야에서 활발히 활동하고 있는 행동과학연구소를 찾아갔다. 이 연구소도 마케팅 조사는 처음이었지만 연구진 자체가 탄탄했다. 주로 고려대 심리학과 출신이 많았다. 이종목 부장(현 전남대 교수)을 비롯해 조천제(현 산업훈련전문가), 황의록(현 아주대 교수), 김철수(현 영남대 교수), 이상빈, 허남영, 박종식(현 삼성 지구환경연구소장) 연구원 등이 참여했다. 직접 프로젝트에 참여하지 않았지만 한국리서치 노익상 사장도 행동과학연구소 출신이다. 다른 팀이었던 최상진 교수(현 중앙대 명예교수)도 많은 도움을 주었다. 이 팀들이 후에 제일기획으로 옮겨 마케팅조사팀을 창설했다.

지금 생각해도 상당히 방대한 규모의 조사를 했다. 샘플 사이즈 2,000명의 소비자 조사를 비롯해, 판매점 조사, 소비자 구매행동 변화실험 등 다양한 연구를 했다. 미풍, 미원 맛 테스트도 했다. 단순한 조사라기보다는 소비자 행동에 대한 연구였다. 행동과학연구소가 아니면 할 수 없는 연구였다.

나도 연구과정에 직접 참여했다. 조사 설계가 나오면 직접 담당하지 않는 부서의 연구원들까지 모여 진지하게 토론하는 모습이 인상적이었다.

그중 가장 기억에 남는 조사는 소비자의 구매행동 변화실험이었다. 판매점에서 판매원이 하는 말에 따라 소비자의 구매행동이 어떻게 변하느냐를 연구한 것이다. 판매점에 조사원이 판매원을 가장하고 들어가 조미료를 구매하러 오는 고객에게 말을 건네며 구매행동 변화를 관찰하는 조사다. 고객에게 건네는 말은 '미풍이 미원보다 가격이 싸다', '미풍이 미원보다 품질이 좋다', '요즘은 미풍을 많이 찾는다' 3가지로 정했다.

가장 효과적인 판매 전략

소비자가 조미료를 구매하러 와서 "미풍 주세요" 하고 말하는 사람은 9%밖에 안 되었다. 91%는 모두 "미원 주세요"다.

첫 번째로 "미원 주세요" 하는 고객에게 판매원이 아무 이야기도 하지 않고 미원과 미풍을 함께 보여 주었더니, 미풍을 집어가는 고객이 13%가 되었다. 4%는 미풍을 사러 왔는데 "미원 주세요"라고 말한 것이다.

두 번째로 "미원 주세요" 하는 고객에게 미풍을 권유하며 "미풍이 미원보다 값이 싸요"라고 말했더니 19%가 미풍을 샀다. 81%는 미풍을 권유했는데도 미원을 달라고 했다.

세 번째로 "미원 주세요" 하는 고객에게 미풍을 권유하며 "미풍이 미원 보다 품질이 좋아요"라고 권유했더니 27%가 미풍을 구매했다.

마지막으로 "미원 주세요" 하는 고객에게 미풍을 권유하면서 "요즘은 미원보다 미풍을 많이 찾아요"라고 했더니 31%가 미풍을 구매했다. 이 조사결과 다른 사람들이 하는 권유에 소구하는 것이 가장 효과적인 판매 전략이라는 결론을 얻었다.

그 후 실천 전략으로 개발한 것이 판매점을 대상으로 입소문을 만드는 전략이었다. 우선 판매점주를 대상으로 공장견학을 대대적으로 실시했다. 조미료 공장은 장치 산업이라 큰 탱크만 보일뿐 별로 볼 것은 없다. 하지만 공장견학이라는 것을 처음 해보고 미풍이 만들어지는 과정을 눈으로 확인하고, 맛 테스트를 직접 해본 판매점주들은 모든 것을 신기해했다. 공장을 직접 보고 온 판매점주는 더 확실한 세평(世評)을 만들고 이를 확산시켰다. 판매가 좋아진 것은 당연한 결과였다.

성공은 경쟁 브랜드가 만들어준다

마케팅을 연구하는 사람이라면 제일제당의 다시다는 꼭 짚어보아야 할 상품이다. 1970년대 경쟁의 대명사였던 미원, 미풍 싸움을 종식시킨 것이 '다시다'다. 고(故) 이병철 회장도 마음대로 안 되는 3가지 중 하나가 미풍이라는 말이 세간에 유머로 풍자될 정도로 당시 조미료 경쟁은 치열했다. 제일제당은 미원을 이기려고 갖가지 판촉기법을 도입했으나 성공하지 못했다.

이때 나온 것이 다시다다. 제일제당의 창립 22주년 기념일인 1975년 11월 5일 첫 광고가 나갔다. 다시다는 이건희 회장이 〈중앙일보〉 이사 시절 아이디어를 준 것이라 더욱 흥미롭다. 당시 동양방송에서 제일제당으로 전출 온 이원희 전무(현 대원학원 이사장)가 주도적으로 추진했다. 제품개발은 김포식품 연구소의 배종찬 이사(전 풀무원 사장)가 맡았다. 나는 당시 신임 과장으로 마케팅 책임을 맡았다.

미원과의 치열한 경쟁에 골머리를 앓고 있었던 때였기에 다시다는 신선한 테마였다. 모두들 신이 나서 뛰었다. 당시에는 지금 CJ 본사 빌딩 뒤에 그레이하운드 고속버스 터미널이 있었다. 그때는 택배회사도 없고, 화물운송도 열악하던 시기였다. 사원들이 직접 판촉물을 포장하고 고속버스에 달려가 부탁해 실어 보냈다. 버스가 도착하면 그 시간에 터미널로 지방 주재 직원이 마중 나가 짐을 찾던 시절이었다. 신입사원 김진수(현 CJ 제일제당 사장)와 동기인 이승복은 각종 판촉물, 인쇄물 보따리를 들고 매일 그레이하운드로 출근하다시피 했다. 김 사장은 지금도 밖을 내다보며 그때를 생각한다고 한다.

철저한 차별화는 평범한 제품도 특별하게 만든다

다시다는 특별히 신기술이 들어간 제품이 아니었다. 기술이라면 여러 가지 식품 원료를 섞어 맛을 내는 기술이다. 변질되지 않게 보존되도록 원료, 향을 잘 조절하는 기술 등이 핵심이다.

다시다는 새로운 시장을 겨냥한 제품이 아니다. 기존의 조미료 시장을 타깃으로 한 제품이다. 우리나라 소비자들이 가장 좋아하는 쇠고기 국물을 인스턴트화한 식품이라고 강조했지만 이것은 기존 화학조미료와 차별화하기 위해 쓴 전략이다. 그런데 미원과 전혀 다른 이미지를 구축했다. 화학조미료와 대비되는 천연조미료의 개념으로 포지셔닝해 성공한 것이다.

다시다는 미원과 철저히 차별화했다. 제품의 형상은 물론 포장, 디자인, 브랜드, 프로모션 등 할 수 있는 모든 것을 차별화했다. 심지어 포장단위까지도 바꿨다. 보통 50g, 100g, 250g, 500g의 조미료 포장 단위를 30g, 60g, 150g, 300g으로 바꿨다. 광고 방향도 조미료라기보다 식품 개념으로 접근했다. 특히 쇠고기를 강조했다.

광고에는 전혀 출연 경험이 없는 탤런트 김혜자 씨를 처음으로 데뷔시켰고 엄청난 광고 물량을 투입했다. 당시로는 생소한 일간지의 전면 컬러광고도 시도했다. 일주일에 55회 정도의 TV 광고를 했다. 라디오 캠페인을 비롯해 다시다 만의 독특한 프로모션을 전개했다. 38년 회사 생활하는 동안 이때만큼 신나게 프로모션을 해본 적은 없다.

천덕꾸러기의 대변신

다시다가 나오자 업계 반응도 뜨거웠다. 무려 7개의 경쟁제품이 쏟아져 나왔다. 숙취해소음료 컨디션이 히트하자 유사 컨디션 제품이 쏟아져 나온 것과 비슷하다. 웬만한 식품회사들은 모두 다시다 유사 제품을 내놓았다. 그러나 똑똑한 경쟁사인 미원은 제품을 다 만들어 놓고도 출시하지 않았다. 미원과 카니벌라이제이션(cannibalization, 자기잠식효과)을 우려한 것이다. 다시다의 시장흐름만 계속 지켜보고 있었다.

식품의 경우 신제품을 시장에 정착시키는 것은 매우 어렵다. 소비자들은 의외로 보수적이다. 다시다는 그 자체로 맛이나 영양을 가진 식품이 아니라 다른 식품의 맛을 도와주는 조미식품이기 때문에 더욱 어려웠다. 초기 뜨거운 광고 캠페인을 할 때는 당장 큰 변화가 일어날 것 같았으나, 이러한 다시다 붐은 지속되지 않았다.

다시다는 계속 신제품을 추가하기 시작했다. 처음에는 쇠고기, 생선 다시다 두 종류를 내놓았고 이어서 멸치 다시다, 도시락 다시다, 된장 다시다, 청국장 다시다, 미역국 다시다, 김치찌개 다시다 등 다양한 제품을 출시했다. 조미료에서 시작해 뜨거운 국물을 부어 국이나 찌개를 만드는 인스턴트식품으로까지 발전시켰다. 그러나 이러한 제품라인 확장은 다시다의 유통 재고만 늘어났지 반복 구매는 증가하지 않았다.

그러다 발매 1년 만에 다시다는 아무도 관심을 갖지 않는 천덕꾸러기 상품이 되었다. 다시다 사업을 주관했던 경영층이 모두 바뀌자 다시다에 대해 관심을 갖는 사람은 실무자 외엔 아무도 없었다.

신기하게도 다시다가 다시 살아난 것은 미원이 '맛나' 라는 다시다 유사 제품을 내면서부터다. 미원은 다시다 출시 후 5년 동안 제품을 내놓지 않다가, 다시다가 조금씩 살아나는 기미가 보이자 맛나를 출시했다. 본격적인 경쟁은 이때부터였다. 미원이 맛나를 출시하자 매스컴은 조미료싸움 3라운드라고 크게 떠들어댔다. 그 후 5년 동안 치열한 싸움을 겪으면서 다시다는 자리를 잡았다. 미원, 미풍으로 이야기 되는 화학조미료와 다시다, 맛나로 이야기 되는 천연성조미료를 합산한 매출액에서 제일제당이 미원을 앞서기 시작한 것이다.

끊임없는 경쟁관계 속에서 미풍은 미원을 키워주었고, 맛나는 다시다를 키워주었다. 이처럼 발전적 성공은 경쟁 브랜드가 만들어 준다.

전략은 실행으로 완성된다

2008년 11월 다시다는 탄생 33주년을 맞았다. CJ 발표에 의하면 다시다는 1975년 11월 첫 선을 보인 이후 현재까지 80% 이상의 시장 점유율을 기록하며 18억 5,000만 개, 지구를 10바퀴 반 이상 돌만큼의 분량이 판매되었다고 한다. 33년 동안 한결 같이 전국 모든 가정의 국과 찌개에 없어선 안 될 대한민국 대표 조미료로 사랑받았다는 것은 참으로 감격스러운 일이다. 미풍과 미원의 힘겨웠던 경쟁을 생각하면 더더욱 그렇다. 다시다는 브랜드 전략의 성공사례, 실패사례를 모두 갖추고 있는 상품이다.

미풍, 미원, 다시다, 맛나 경쟁을 하면서 하고 싶은 마케팅은 모두 해 보았다. 국내외 쟁쟁한 자문교수들의 도움도 많이 받았고 광고회사, 조사회사의 도움도 많이 받았다. 다시다는 마케팅의 궁금증을 풀어주는 훌륭한 사례다.

첫 번째는 광고효과다.

흔히 광고는 투자라고 한다. 단기 매출에도 기여하지만 장기적으로 누적효과가 미친다. 광고, 마케팅의 결과는 브랜드로 남는다. 맞는 말이다. 그러나 어느 정도 투자했을 때 어느 정도 효과가 나타나는지는 알 길이 없다. 다시다는 투자로서 광고가치를 실감한 제품이다.

초기 1년 동안 다시다는 엄청난 투자를 했다. 주요 일간지에 전면 컬러로 신제품 광고를 했다. 주 55회, 20초짜리 텔레비전 광고를 내보냈다. 지금 같으면 누구도 엄두 내기 어려운 광고 물량이다. 이렇게 3개월 정도 집중했다. 그 후 광고 물량을 줄였다.

다시다 발매 1년 후부터는 판매가 따라주지 않았기 때문에 비용을 쓸 수가 없었다. 오히려 유통에 깔려 있는 재고가 문제였다. 심하게 말하면 판매하는 양이나 반품되어 되돌아오는 양이 비슷했다. 다시다는 문제 상품이 되었다. 아무도 다시다에 신경 쓰지 않았다. 판매 목표도 없었다. 다시다는 화학조미료에 비해 유통 기간이 짧아서 반품이 겁 날 뿐이었다.

그런데 3년째 되던 해부터 다시다가 조금씩 판매량이 늘어나기 시작했다. 아무도 관심을 안 갖는데 오히려 매출은 늘어났다. 실무자들 사이에서는 위에서 관심을 많이 가지면 가질수록 영업은 더 잘 안되고, 관심을 안 가질수록 잘 된다는 농담을 할 정도였다. 초기의 집중 광고, 집중 판촉의 효과가 나타나고 있는 것이었다. 무모한 전략이 가장 효과적인 전략이 된 것이다.

조미료의 개념을 뛰어넘어라

두 번째는 브랜드 확장이다.

다시다는 조미료의 이미지를 벗어나 식품으로 브랜드를 확장하려고 계속 노력했다. '고향의 맛'이란 좋은 이미지를 브랜드 확장에 활용하려 했다.

처음에는 인스턴트식품에도 다시다를 많이 썼다. 김, 깨소금, 고기 가루 등 어린이들이 밥에 뿌려 먹는 식품을 만들어 도시락 다시다란 이름으로 판매도 했고, 된장찌개, 청국장, 미역국, 김치찌개, 곰탕, 설렁탕, 북어국 등을 건조해 다시다란 이름으로 판매했다.

한때는 조미료 개념의 다시다와 식품 개념의 다시다를 구분하기 위해 브랜드 표기 방법을 바꾸기도 했다. 조미료 개념의 다시다는 '쇠고기 다시다', '멸치 다시다' 식으로 제품 속성을 앞에 표시 했다. 식품 개념의 다시다는 '다시다 즉석 북어국',

‘다시다 즉석 미역국’ 하는 식으로 제품의 속성을 뒤에 표기하고, 포장과 디자인을 완전히 다르게 바꾸었다.

그러나 이런 제품들이 모두 성공하지는 못했다. 가장 큰 이유는 맛이 따르지 못했기 때문이지만, 쇠고기 다시다의 이미지가 너무 강해서 다시다가 조미료 카테고리를 벗어나기 어려웠던 것 같다. 다시다를 다시다에 머물게 한 것은 너무 아쉽다.

경쟁이 치열할수록 브랜드는 성장한다

세 번째는 경쟁이다. 브랜드를 성공시키는 것은 경쟁사다. 경쟁사가 없었을 때 다시다는 고전을 면치 못했다. 아무도 돌보지 않고 관심을 갖지 않는 제품이었다. 그러나 맛나가 나오는 순간, 다시다는 보호해야 할 귀한 자식이 되었다.

브랜드는 싸워야 큰다. 싸우면 소비자의 관심도가 세 배, 네 배 늘어난다. 같은 마케팅 비용을 투자하더라도 싸울 때 시장은 더 커진다. 싸움 구경은 재미있다. 싸우면 고객에게 돌아오는 것이 많다.

그러나 싸우면 이겨야 한다. 소비자는 자기가 산 제품이 이기길 바란다. 이기면 마케팅 하기가 쉬워진다. 아주 편안히 정도를 밟으며 마케팅을 해도 성과가 난다.

선발 브랜드에 같은 방법으로 도전하는 것은 결국 경쟁 브랜드를 키워주는 일이다. 미원에 다시다로 대응하는 전략을 썼듯, 맛나로 다시다에 전혀 다른 카테고리의 제품으로 대응하는 전략을 썼다면 조미료 시장은 또 달라졌을지도 모른다. 브랜드를 키우려면 좋은 경쟁사를 만나야 한다.

나는 제일제당을 떠나기 전까지 항상 책상 위에 다시다, 아이미와 함께 맛나, 미원 샘플을 놓아두고 보았다. 모두 나를 키워준 제품이었다.

4

그래, 이 맛이야!
광고 이야기

'고향의 맛 다시다', '그래, 이 맛이야!' 1980년대 후반부터 1990년대까지 인기를 끌었던 광고 슬로건이다. 술집에서도 '그래, 이 맛이야!', 코미디에서도 '그래, 이 맛이야!'가 나올 정도로 인기를 끌었다. 식품 슬로건으로 이보다 감칠맛 나는 표현은 없는 듯하다. '그래, 이 맛이야!'는 지금도 가끔 나오는 살아있는 표현이다. 1975년 11월 다시다가 첫 선을 보인 이래 33년 동안 꾸준히 고객의 사랑을 받고 국내 정상의 판매를 유지하는 데 "그래, 이 맛이야!"라는 광고가 1등 공신이었다고 해도 과언이 아니다.

당신이 만들면 다릅니다

지나가는 말 한마디가
살려낸 광고

'고향의 맛, 고향의 소리 시리즈 광고'는 처음부터 기획된 것이 아니었다. 다시다 싸움이 한 고비를 넘기고 안정 궤도에 접어들 무렵 여름 광고 안을 섬토했다. 광고대행사인 제일기획에서 A, B, C 3안의 텔레비전 광고 안을 준비해 프레젠테이션했다. 마케팅실 스텝과 함께 설명을 듣고 광고 안을 결정해야 했다.

전형적인 식품광고 패턴대로 맛있는 음식이 군침 도는 시즐(sizzle, 어떤 제품의 광고효과를 위해 그 제품의 핵심 포인트가 될 만한 소리를 활용하는 광고기법)과 함께 나오고, 브랜드를 강조하고 자기 자랑을 하는 광고 안이 선택되었다. 모두들 이견이 없었다. 광고 안을 결정하고 마무리할 무렵 제일기획 크리에이티브 디렉터(Creative Director)인 박승순 팀장이 조심스럽게 팀원 중 한 명이 오랫동안 생각해 오던 것이 있는데 이야기를 들어주겠느냐고 물어왔다. 아마 입사한 지 얼마 안되는 신입사원이었던 것으로 기억하는데 맛을 소리와 연결시켜 생각했다는 것이다. 처음부터 고려대상이 아니었던 C안이었다. 이렇게 탄생한 것이 '다시다 여름 소리편' 이다.

맛과 계절의 소리를 연결시키다

'우두둑 우두둑' 떨어지는 소나기 소리와 맛을 연결시켰고, 냉국을 준비하기 위해 '다다닥 다다닥' 오이채 써는 소리와 '후루룩 후루룩' 생미역을 씻어내는 소리를 맛에 연결시켰다. 멀리 '음메~ 음메~' 송아지의 어미 소 부르는 소리가 들리고, '영수야~' 외치는 갈라진 어머니 목소리가 들린다.

"여름에는 소리가 있습니다."

"여름에는 맛이 있습니다."

다시다 광고가 한 단계 점프하는 순간이었다. 광고 반응도 매우 좋았다. 누구나 어머니의 손맛을 저절로 떠올렸고 어린 시절의 고향이 가슴으로 다가왔다. 광고 자체가 하나의 아름다운 풍경화였고 작품이었다. 그 풍경화 속에서 고향의 냄새, 고향의 맛이 무럭무럭 피어올랐다.

이 광고를 각색한 잡지광고는 국제적으로 저명한 광고상인 클리오상(Clio Awards) 본선에 진출하는 영광을 안기도 했다.

'다시다 가을 소리편'은 더욱 멋있었다. 누런 들판에서 추수를 하는 장면이다. 들판의 허수아비와 함께 새를 쫓기 위해 달아 놓은 빈 깡통 소리가 '댕강 댕강' 들린다. 가을바람 소리도 들린다. 그래도 새떼들이 날아든다. "훠~어~이~, 훠~어~이!" 김혜자 씨가 소리를 지른다.

집안의 가마솥에는 장국이 '부글부글' 끓고, 마당에선 장닭이 후드득 날고, 멍멍이가 쫓아온다.

"가을에는 소리가 있습니다."

"가을에는 맛이 있습니다."

텔레비전 광고 최초의 동시 녹음

이 광고는 우리나라 텔레비전 광고 사상 처음으로 동시 녹음을 한 광고다. 새를 쫓는 김혜자 씨의 "훠~어~이~, 훠~어~이~" 목소리는 지금도 생생하다. 들판에서 동시 녹음을 했기 때문에 그런 실감 나는 목소리가 나왔을 것이다. 윤석태 감독의 작품이다.

고향의 맛을 고향의 정취를 연상시키는 소리와 연결시켜 '고향의 맛 시리즈'를 한 단계 더 발전시켰다. 구수한 된장찌개, 밤새 우려낸 사골곰탕 등의 정겨운 시골풍경을 마음으로 담아낸 것이다.

'그래, 이 맛이야!'도 이때 개발된 것이다.

사실 '그래, 이 맛이야!'는 처음부터 콘티에 있던 멘트가 아니었다. 촬영 중 김혜자 씨가 우연히 한 말을 잡은 것이다. 보글보글 끓는 국을 한 숟가락 떠서 맛을 보며 김혜자 씨가 감칠맛 나게 "그래, 이 맛이야!"하면서 군침이 꿀꺽 넘어가는 소리를 한 것을 반영했다. 지나가는 말 한마디가 제품을 살린 것이다.

다시다 하면 김혜자, 그녀와의 25년 이야기

다시다를 말할 때 빼놓을 수 없는 사람이 탤런트 김혜자다. 실제로 '다시다 하면 떠오르는 것이 무엇이냐?'고 물어보면 항상 가장 많이 나오는 대답이 '김혜자'였다. 다시다는 김혜자 씨가 광고에 출연한 첫 번째 광고다. 일간신문에 전면 컬러광고로 양손에 다시다를 들고 '다시다 탄생' 외치며 김혜자 씨는 광고계에 데뷔했다. 김혜자 씨의 광고계 생일과 다시다의 생일은 같은 날이다.

연기파 탤런트인 김혜자 씨는 처음에는 탤런트가 광고에 출연해 돈을 받는 것이 무슨 외도를 하는 것 같아 광고 출연에 거부감을 갖고 있었다. 그러나 제일제당이라는 광고주와 다시다란 새로운 제품이 마음에 들어 선택했다고 한다.

보통 광고모델을 결정할 때는 사람마다 선호기준이 다르기 때문에 의견이 분분하다. 특히 사장이나 의사결정권을 가진 임원이 고집을 부리면 골치 아프다. 그러나 김혜자 씨의 이미지는 다시다에 딱 어울렸다. 김혜자 씨를 광고모델로 정할 때는 사원부터 최고경영층까지 이견이 없었다.

김혜자 씨는 제일제당 모델만 25년을 했는데 한 회사, 한 브랜드 모델로서는 우리나라 최장 기록이다. 제일제당 모델을 끝낸 후 일부 다른 회사 광고에 출연했지만, 김혜자 씨가 평생 한 광고의 90%는 다시다, 제일제당 광고일 것이다.

김혜자 씨가 제일제당 모델을 한 지 10년쯤 되었을 때 2년 동안 공백기간이 있었다. 제일제당이 백설햄을 신발매하면서 김혜자 씨와 계약을 하지 않았다. 당시 사정으로는 전속모델을 두 사람 써야 할 형편도 아니었고, 김혜자 씨를 어린이 대상 식품인 백설햄에 쓰기도 어려워 계약을 안 한 것이다. 항상 업계 최고로 지불해야 하는 모델료도 부담이 되었다.

김혜자 씨가 대단한 것은 2년 동안 다른 회사로 가지 않고 기다려준 것이다. 공교롭게도 그 2년 동안 나는 마케팅실을 떠나 판매부장으로 지방에 근무하고 있었다. 다시 마케팅실장으로 되돌아오니 "다시다 하면 김혜자, 제일제당 하면 김혜자인데, 그렇게 많이 투자해 놓고, 왜 김혜자 씨를 쓰지 않느냐?"는 의견들이 많았다.

마침 김혜자 씨가 S식품과 전속계약을 하려 한다는 소문이 들어왔다. 병이 나서 서교동의 한 병원에 입원해 있던 김혜자 씨를 찾아가 타사 이동을 만류하고 경영층의 승인을 얻어 다시 계약했다. 김혜자 씨도 매우 기뻐했다.

　요즘 상식으로는 마음에 드는 클라이언트를 찾기 위해 2년 동안 광고를 하지 않고 기다린다는 것은 상상할 수 없는 일이다. 김혜자 씨는 아프리카 빈민구호 봉사활동으로도 훌륭한 일을 하고 계시지만, 광고모델, 마케팅 파트너로서도 훌륭한 분이다.

　제품과 모델의 궁합이 맞으면 성공할 수밖에 없다.

광고도
생방송이 되나요?

광고 중계방송? 중계방송 광고?

선뜻 이해가 안 되는 말이다. 다시다 발매 초창기 '라디오 캠페인'이라는 이름으로 광고를 중계방송한 적이 있다. 다시다 시식차를 소비자가 찾아오게 하는 캠페인이었다. 소비자가 찾아오면 다시다로 스프를 만들어 시식하게 하고, 시식에 참여한 소비자에게 다시다 샘플과 함께 추첨해 다양한 선물을 주는 것을 주요 내용으로 했다. 문제는 다시다 스프 맛도 보고, 선물도 받으려면 '행운의 다시다 선물차'를 찾아내야 하는데 '행운의 다시다 선물차'는 한 곳에 머물러 있는 것이 아니라 서울 시내를 돌아다닌다는 점이었다.

그런데 그 '행운의 다시다 선물차' 가 가고 있는 상황을 라디오 광고로 중계방송해 주었다. '행운의 다시다 선물차' 를 찾으려면 광고방송을 꼭 들어야 했다. 당시 우리나라에는 식당버스가 한 대밖에 없었다. 광화문 비각 옆에서 국수를 파는 식당버스였는데 이 버스를 빌려 다시다 시식차로 만들었다. 버스에는 '행운의 다시다 선물차' 란 큰 현수막을 양쪽에 걸었다. 라디오에서는 며칠 전부터 '행운의 다시다 선물차' 에 대한 예고 방송이 나갔다.

"12월 5일 오후 2시 '행운의 다시다 선물차' 가 광화문을 출발합니다. '행운의 다시다 선물차' 가 멈춘 장소에서 다시다 시식도 하시고, 김혜자 씨가 드리는 선물도 받으십시오. '행운의 다시다 선물차' 가 이동하는 경로는 동양라디오 방송으로 알려드립니다."

남다른 캠페인의 놀라운 효과

방송으로 예고한 대로 12월 5일 광화문에서 '행운의 다시다 선물차' 가 출발했다. 출발과 동시에 라디오로 광고가 나갔다.

"오후 2시, 행운의 다시다 선물차가 광화문을 출발해 동대문 방향으로 가고 있습니다. 행운의 다시다 선물차가 멈춘 곳으로 오시면 다시다 요리 시식과 함께 김혜자 씨가 추첨으로 푸짐한 상품을 드립니다. 시식한 모든 분께 다시다 샘플도 드립니다."

"오후 2시 5분 현재, '행운의 다시다 선물차' 는 동대문을 통과하고 있습니다…"

"오후 2시 15분 현재, '행운의 다시다 선물차'는 신설동을 돌아 안암동 고대 앞을 지나, 장위동 방향으로 가고 있습니다…"

5~10분마다 생중계로 광고방송이 나갔다. 프로그램에 참여하는 아나운서나 성우가 생방송으로 광고를 해주는 것이다.

신기한 판촉에 소비자 반응은 뜨거웠고 적극적인 소비자는 아예 차를 몰고 '행운의 다시다 선물차'의 뒤를 따르기도 했다. 큰 현수막을 붙인 '행운의 다시다 선물차'가 지나가면 사람들이 쳐다보고 손짓을 했다. 1시간 30분 정도 시내를 순회한 후 '행운의 다시다 선물차'가 멈추었다. 물론 광고도 나갔다.

"드디어 '행운의 다시다 선물차'가 장위동 ○○ 초등학교 앞에 섰습니다. 김혜자 씨와 함께 맛있는 다시다 요리를 시식하시고, 푸짐한 선물도 받아가십시오."

사람들이 구름같이 몰려 큰 솥에 끓인 다시다 스프가 모자랄 징도였다. 이 캠페인은 일주일의 짧은 활동이었는데도 인지도 15%를 기록할 정도로 히트했다. 다른 광고 없이 라디오 광고만으로 이룬 성과라 더욱 의미가 컸다. 방송광고 규제가 까다로운 요즈음 같으면 꿈도 못 꾸었을 캠페인이었다.

소비자가 주인공이 되는 프로모션

캠페인의 기획이나 집행도 광고국이 아닌 라디오 제작국에서 했다. 당시는 라디오 영업이 잘 안 될 때라 라디오 자체를 프로모션하기 위한 방안으로 제작국에서 담당한 것이다. 우리나라 광고사에 전무후무한 광고 중계방송일 것이다.

'행운의 다시다 선물차' 캠페인에 재미를 붙여 다시다 요리 콘테스트를 라디오로 했다. 신제품 다시다의 다양한 활용 방법 개발을 위한 프로모션이었다. 이 캠페인도 라디오의 기동성을 최대로 활용했다. 보통 콘테스트는 응모한 후 한참 기다려야 결과 발표를 했는데 성격 급한 우리나라 소비자들에겐 고문이었다.

그래서 다시다 요리 콘테스트는 매일 당선작을 발표했다. 그날 응모한 요리 가운데 가장 우수한 작품을 선정해 라디오로 발표하고 시상했다. 우수작 발표가 그대로 다시다 광고인 것이다. 매일 다른 내용의 다시다 광고가 생방송으로 나갔다. 다시다로 만든 육개장, 다시다로 만든 냉면, 다시다로 만든 메밀전 등 새로운 메뉴가 매일 소개되었다.

이렇게 예선을 통과한 요리 100개를 모아 실제 요리경연대회를 열었다. 이 대회는 벽제 늘봄 농원에서 열렸는데 요리경연대회 날에는 엄청난 인파가 몰렸다. 출전 선수들은 혼자 나오지 않고 식구들과 함께 오거나 응원단을 몰고 왔다. 소비자들의 축제였다.

휴대용 가스렌지 100개를 펼쳐 놓고 100명이 실제 요리를 만들었다. 심사위원으로 요리 전문가, 소비자단체 관계자, 방송국 관계자, 회사 관계자 등이 참여했다. 엄격한 심사 끝에 10

편의 최우수작, 우수작을 뽑았는데 요리 하나 하나가 너무 정성이 들어가 그대로 끝내기는 아쉬웠다. 그래서 이 요리들을 묶어 신문광고를 냈다. 신문 전면을 다시다 요리로 채웠다. 이렇게 탄생한 것이 '다시다 요리 100선'이다. 다시다 요리는 소책자로도 만들어 두고두고 활용했다.

새로운 프로모션 방법으로 새로운 이야기를 만들어라. 판촉 방법이 새로우면 고객이 몰려든다.

사탕수수밭과 보리밭

도전자는 항상 차별화 전략을 쓴다.

차별화 전략을 무력화시키는 것이 동질화 전략, 즉 모방 전략이다. 미풍은 브랜드력이 약하기 때문에 품질 개선에 더 열심히 노력했다. 화학조미료 중 가장 고급이라는 핵산 조미료를 개발한 것도 미풍이고, 입자를 과립화한 것도 미풍이며 새로운 용기를 개발한 것도 미풍이다. 그러면 미원은 항상 미풍이 하는 것을 그대로 따라 했다.

광고를 하면 광고 표현도 비슷하게 따라 했다. 나중에 광고 효과 조사를 해보면 심한 경우 미풍이 쓴 광고 슬로건인데 미원으로 인식한 소비자가 60%로 나온 적도 있었다. 경품 판매를 하면 똑같이 경품 판매를 하고, 소매점용 진열대를 만들면 똑같이 진열대를 만들었다. 오히려 더 많은 물량 공세를 하기 때문에 아이디어만 제공하는 꼴이 되었다. 마케팅 담당자 입장에서는 정말 미치게 만드는 모방 전략이다.

내용을 모르는 외부 전문가들은 "삼성이 하면 모래를 갖다가 식품이라고 해도 팔 수 있을 텐데 왜 미풍이 미원을 못 이기는지 이유를 모르겠다"고 이야기 하는 사람도 있었다.

대표적인 예가 '미풍은 천연원료로 만듭니다' 라는 캠페인이다. 광고 대행사인 제일기획도 제일제당 못지않게 미풍 때문에 고민을 많이 했다. 대 광고주이기도 하고 삼성그룹 이미지에 도움을 주지 않는 상품이기 때문이었다. 항상 머리를 짜고 또 짜서 미원이 못 따라 오는 차별화 전략을 짜는 것이 과제였다. 그 결과 회심의 아이디어로 나온 것이 '천연원료 캠페인' 이었다.

누구도 따라올 수 없는 광고 아이디어

미풍을 만드는 원료는 당밀을 썼다.

처음에는 다시마와 같은 해조류에서 추출했으나, 나중에는 당분을 발효시켜 글루타민산나트륨을 추출했다. 당분이 많이 들어 있는 농산물은 모두 미풍을 만드는 원료로 쓸 수 있다. 그 중에서도 설탕을 만들고 나온 부산물인 당밀이 당분도 많고 가격도 쌌기 때문에 원료로 많이 썼다.

잘 아는 것처럼 설탕은 천연 식물인 사탕수수를 짜서 건조시켜 만드는 것이다. 사탕수수를 짜서 건조시킨 원당은 외국에서 수입해 온다. 우리는 미풍, 미원을 화학조미료라 부르지만 원료의 원료를 추적해 보면 천연식물인 사탕수수를 원료로 만드는 것이다. 이것을 광고 소재로 삼기로 했다.

사탕수수는 호주에서 많이 나지만 대만에서도 재배되고 있었다. 이 점에 착안한 우리는 이 광고를 사탕수수가 나는 외국에 가서 외국인을 등장시켜 촬영하기로 했다. 당시는 한국 광고의 해외 로케이션이 거의 없던 시절이라 매우 어려운 결심을 했다. 호주는 너무 멀어 대만으로 가기로 했다.

이 광고만은 미원이 절대 따라 오지 못할 것이라 생각 했다.

경쟁사에 정보가 들어가면 안 되기 때문에 제일제당이나 제일기획에서도 극소수 몇 사람만 알고 비밀리에 추진했다. 대만에 가서 대만의 사탕수수밭을 촬영하고, 사탕수수 농사를 하는 대만 현지인 농부를 광고에 출연시켰다. 햇볕에 그을린 쭈글쭈글한 얼굴이지만 사탕수수를 한아름 안고 환한 웃음을 짓는 대만인 농부의 얼굴을 클로즈업했다. 텔레비전 광고도 찍고 신문 컬러 광고도 만들었다. 물론 비용도 많이 들어갔다.

'절대' 라는 말에 숨어 있는 약점

"미풍은 천연원료로 만듭니다."

해외 촬영 기간을 감안하면 더더욱 이 광고는 미원이 절대 따라오지 못하리라고 생각했다. 사내 시사 반응도 매우 좋아 마케팅팀은 흥분에 들떠 있었다. 시기는 3월이었던 것으로 기억한다.

드디어 광고가 나갔다. 광고 효과를 높이기 위해 텔레비전, 신문, 라디오, 잡지 동시에 광고를 내보냈다. 시장에서도 신선한 반응이 나왔다. 광고 전문가들 반응 역시 좋았다. 물론 해외 촬영의 프리미엄 효과도 있었다.

광고와 함께 영업에도 드라이브를 걸었다.

그런데 일주일도 안 되어 '미원은 천연원료 만든 지 25년' 이라는 신문광고가 나왔다. 사탕수수밭 대신 푸른 보리밭을 배경으로 촬영한 광고였다. 소비자들이 보기에는 푸른 사탕수수밭이나 푸른 보리밭이나 그게 그거로 보였다. 거액의 제작비를 들여 대만까지 가서 만든 광고가 미원의 물 타기 전략으로 빛을 잃는 순간이었다. '절대'라는 말은 어리석었다. 선발 브랜드의 모방 선략이 가장 효율적인 전략이 될 수 있음을 간과한 뼈저린 경험이었다.

유리한 그라운드에서 싸워라

꼭 한번 미풍 광고가 미원을 이긴 적이 있다. 공장에서 설비를 이온 교환 수지법으로 바꿨을 때였다. 당시로서는 최신 설비였다. 설비가 바뀌었다고 해서 품질이 크게 달라지는 것은 아니었다. 다만 이온 교환 수지법으로 만든 미풍과 미원을 비교해 보면 성분은 비슷했으나 미풍은 입자가 투명하고 육면체가 반듯한 반면, 미원은 백색으로 입자가 부스러진 것이 많았다. 차별화 포인트를 찾기 어려운 제품이라 작은 차이지만 이것을 전략적으로 활용하기로 했다. 브랜드를 알비티씨 미풍이라 붙였다.

알비티씨(RBTC)는 이온교환수지법(Resin-B Transition

Crystallization)의 앞 글자를 딴 것인데 이온교환수지법은 공식 공법 이름도 아니고 사내에서 우리가 정한 것이었다. 처음에는 사내에서 반대 의견이 많았다.

당시만 해도 웬만한 집에는 식모라고 불리는 상주 가정부가 있었다. 조미료는 주로 식모가 사는데 영어 이름을 붙여 놓으면 누가 알아보겠느냐는 것이었다. 그러나 그냥 밀어 붙였다. 내 머리에는 차별화 밖에 없었다. '이것은 미원이라고 부르지 않겠지' 그 생각뿐이었다.

광고 전쟁

그러면서 우리나라 최초로 비교 광고를 했다. 알비티씨 미풍과 미원의 입자를 현미경으로 촬영해 차이를 비교한 신문광고였다. 그냥 입자를 보면 잘 모르는데 현미경으로 촬영해 보면 입자의 차이를 분명히 알 수 있었다. 알비티씨 미풍은 입자가 투명히고 규격이 일정한 반면 미원은 입자가 불투명하고 규격이 일정하지 않아 부스러기 같이 보였다.

물론 맛이나 근본 품질에 차이가 있는 것은 아니나 글루타민 산나트륨 같은 단일 분자 제품은 작은 차이도 큰 차이라 생각했다.

'최신 공법으로 만든 조미료 알비티씨 미풍' 광고가 나가자 큰 소동이 벌어졌다. 한 걸음 더 나가 알비티씨 미풍과 미원의 비교 광고를 터뜨리자 싸움은 본격화되었다. 알비티씨 미풍은 동그라미 속에 입자 사진을 넣고, 타사 제품은 엑스표 속에 입자 사진을 넣었다. 물론 미원이라는 이름은 명시하지 않았으나 조미료 회사가 둘 밖에 없으므로 누구나 알 수 있었다.

그러자 매스컴의 취재가 시작되고 미원의 반발이 거셌다. 바로 미원의 반박 광고가 나왔다.

'세계 최신 공법은 미원의 직접회수법'

우리의 광고 내용을 하나하나 반박한 것이다. 이때부터 지상 광고전이 시작됐다. 우선 신문사에 다음 날 아침 1면부터 잡았다. 물론 단가는 비쌌다. 그 다음 제일기획 제작 담당 정대길 국장(대보기획 사장 역임)의 실력발휘가 시작됐다. 조간에 실린 미원 광고를 보고 즉석에서 제작 회의를 했다. 아이디어가 나오는 즉시 카피가 나오고 즉석에서 광고를 제작했다. 정대길 국장이 직접 드로잉을 했다. 당시는 컴퓨터 그래픽도 없던 시기라 일일이 손으로 그림을 그렸다. 오후 4시까지는 필름을 신문사로 넘겨야 그 다음날 아침 조간에 실을 수 있었기 때문에 분초를 다투기 일쑤였다.

싸움이 끝난 후

'알비티씨는 세계 최신 특허'라는 헤드라인과 함께 조미료 공법 발달 역사를 도표로 실었다.

역시 그 다음 날 아침 미원의 대응 광고가 나왔다. 조미료 공법 발달사를 거꾸로 미원의 직접 회수법이 최신 공법으로 소개

됐다. 그 광고를 보고 그 다음날 아침 또 다른 알비티씨 미풍 광고를 내 보냈다. 매스컴은 조미료 전쟁 2라운드가 시작되었다고 신나게 떠들어댔다. 이러한 광고전쟁은 보름 동안 지속됐는데 대기업끼리 싸우는 모습이 보기 좋지 않다는 정부의 중재로 조미료 공법 논쟁을 끝낼 수밖에 없었다.

그러나 이 싸움이 끝나고 나자 놀라운 결과가 나타났다. 우선 전국에서 알비티씨 미풍 모르는 사람이 없을 정도로 유명해졌다. 알비티씨 미풍이란 영어 이름을 누가 알겠느냐는 사내 소리가 쏙 들어갔다. 미원과 브랜드 차별화가 확실히 된 것이다.

과거에 미풍 광고를 하면 60%가 미원 광고라고 인지했는데, 이번에는 반대 현상이 일어났다. 공법에 관한 광고의 경우 미원이 쓴 헤드라인인데, 무슨 브랜드의 광고냐고 물어 보면 알비티씨 미풍 광고라고 응답한 소비자가 60%나 나왔다. 미원 광고를 미풍 광고로 인지하는 이변이 일어난 것이다. 알비티씨란 이름 자체가 무언가 공법, 기술을 의미하는 내용으로 인지한 것이다. 물론 알비티씨 미풍은 판매도 상승세를 탔다. 알비티씨 미풍을 판매하면서 가정용으로 주로 쓰이는 100g 조미료 대신 용량이 큰 500g 조미료를 주력상품으로 선정했는데, 이것도 효과가 있었다.

알비티씨 미풍의 성공 사례는 1978년 한국마케팅연구원이 주최한 제1회 마케팅 사례발표 경연대회에서 최고상인 상공부

장관상을 받기도 했다.

　싸울 바엔 크게 싸우되 반드시 유리한 환경에서 싸움을 걸어라. 그게 마케팅 전쟁에서 이기는 방법이다.

'디마케팅'의
효과

다시다, 맛나 경쟁은 미풍, 미원 싸움 이상으로 치열했다. 미원 입장에서는 절대 양보할 수 없는 싸움이었다. 미원은 화학 조미료에서 절대 강자이기도 했시만, 조미료가 사업의 대부분을 차지하고 있었고 제일제당은 조미료 이외에도 설탕, 밀가루, 식용유, 육가공, 배합사료, 제약 등 이미 다양한 제품군을 가지고 있었다.

맛나에 대한 대응 전략을 미리 준비했지만 그렇게 강하게 나오리라고는 아무도 예상하지 못했다. 맛나가 나오고 나서도 다시다 류의 시장규모는 200억 원이 안 되었다. 정상적인 마케팅이라면 이 정도의 시장규모에서 어느 정도 매출 목표를 잡고 어느 정도 마케팅 비용을 쓴다는 것을 추측할 수 있었다. 이에 따른 대응 전략도 준비하고 전략 예산도 편성했다.

그러나 이러한 예상은 모두 빗나갔다. 맛나는 도저히 숫자상으로 계산이 나오지 않는 광고비, 판촉비, 무료 샘플비용과 판촉 여사원을 투입했다. 화학조미료 미원에서 나오는 이익을 여기에 투자한 것이다. 미원과 맛나를 한 사업으로 보고 적극적인 공격을 펼친 것이다.

유통에서도 미원의 영향력이 더 강했다. 슈퍼마켓 진열대에는 맛나의 심벌 컬러인 노랑색 면적이 점점 더 많이 늘어났다. 판촉 여사원들의 지원 요청 아우성은 정말 듣기 애처로울 정도였다.

짧은 기간이지만 한때 다시다와 맛나의 시장점유율이 역전된 적도 있었다. 그 다음 다시다에 비상이 걸렸다. 영업현장에서 맛나와 실전을 벌이던 내가 다시 마케팅실장으로 불려온 것도 이 시기였다. 그 후 싸움은 더욱 격렬해졌다. 다시다도 비용을 투입하면서 시장점유율을 바로 회복했지만 맛나는 이미 상당한 입지를 구축한 상태였다.

난공불락에도 치명적 구멍은 있다

경쟁의 전환점은 의외의 곳에서 생겼다. 유럽에서 시작된 화학조미료 유해론이 우리나라에서도 소비자단체를 중심으로 대두되었다. '화학조미료 안 먹는 날' 까지 만들어 화학조미료의 문제점을 계속 부각시켰다. 조미료의 대명사인 미원 입장에서는 회사의 사활이 걸린 심각한 문제였다. 물론 미풍 입장에서도 좋은 뉴스는 아니었다.

이러한 분위기에 편승해 '화학조미료에서 천연조미료로' 캠페인을 전개했다. 몸에 해롭다는 화학조미료를 적게 먹고 천연조미료를 먹자는 캠페인이었다. 물론 다시다나 맛나에도 화학조미료는 들어간다. 다만 적게 들어갈 뿐이다.

'조미료 적게 먹는 것이 좋습니다'라는 광고 카피도 썼다. 조미료를 판매하고 있는 제일제당 입장에서 보면 일종의 '디마케팅 전략(demarketing)'이었다. 정확한 의미의 '디마케팅'은 아니지만 수요를 위축시키는 전략을 쓴 것이다.

사실 이 전략은 경쟁사의 주수익원인 화학조미료 미원의 가정용 시장을 공격하는 데 목적이 있었다. 다시다, 맛나가 경쟁하는 동안 화학조미료 미원은 거의 무방비 상태로 아무런 공격을 받지 않았으므로 안정된 영업을 하고 있었다. 특히 업무용에 비해 가격도 비싸게 받고, 브랜드에 의해 구매가 이루어지는 가정용 시장은 미원의 독무대였다. 미원은 여기서 엄청난 이익을 얻고, 여기서 얻은 이익을 맛나 광고 판촉에 쏟아부었다.

'동쪽을 공격하려면 서쪽을 공략하라'

이 기회를 다시다가 잡은 것이다. 이 전략은 사내에서도 의견이 분분했다. 자문 교수들 사이에서도 의견이 엇갈렸다. 영업통인 S사장을 비롯하여 R마케팅 자문교수는 좋은 기회니 공격하자는 입장이었다. 더 자극적인 광고를 해야 한다는 의견도 있었다.

광고를 자문해주시던 L교수는 반대의견이었다. 영업적으로 다소 이야깃거리는 될지 모르지만 다시다 이미지에 부정적인 영향을 끼쳐서는 안 된다는 것이다. 나도 부정적인 의견 쪽이었다. 정도가 아니라고 생각했다.

그러나 결과적으로 이 전략은 성공했다. 이 광고가 나가자 미원은 큰 소동이 일어났다. 미원의 심장부를 강타한 것이다. 미원은 '다시다 공격 전략'에서 '미원 방어 전략'으로 전환했다. 화학조미료 미원의 화학 분위기를 없애는 데 주력했다. 조미료 이름도 발효 조미료라 명명했다. 깊은 산 속에서 자라나는 송이버섯의 이미지를 통해 천연의 분위기를 연출했다. 일본 '아지노모토'의 이미지 전환 캠페인과 거의 유사한 형태의 광고를 했다. 맛나에 쏟던 광고비는 모두 미원에 투자했다.

이때부터 다시다는 활기를 띠기 시작했다. 경쟁사를 의식하지 않으니 소비자를 대상으로 한 이미지 광고에 주력하게 되었다. 다시다의 브랜드 이미지는 저절로 좋아졌고 다시다의 시장 점유율은 저절로 늘어났다. 이러한 분위기에서 탄생한 것이 '고향의 맛' 광고다.

다시다 발매 10년 만에 화학조미료와 천연조미료를 합산한 매출액 시장점유율은 제일제당이 미원을 앞서기 시작했다.
'동쪽을 공격하려면 서쪽을 공략하라'는 전략은 마케팅에도
통했다.

광고 경쟁이
판촉 경쟁으로

미원의 맛나 출시 소문이 나오면서 제일제당에서도 비상이 걸렸다. 한동안 관심 품목에서 떠나 있던 다시다가 다시 주역이 된 것이다. 제일제당에서는 미풍, 미원 경쟁에서 뼈아프게 당했던 미원의 전략을 다시다에서 쓰기로 했다. 미원이 하는 대로 그대로 따라서 하는 모방 전략이었다. 미원이 광고를 하면 그만큼 다시다도 광고를 하고, 미원이 판촉을 하면 그대로 다시다도 따라서 하기로 했다. 그러나 맛나의 공격은 예상보다 뜨거웠다. 우선 엄청난 광고비를 쏟아 부었다. 연간 매출액보다 많은 광고비를 맛나에 투자했다.

MBC의 인기 농촌 드라마 〈전원일기〉에서 사이좋은 고부로 출연하는 김혜자 씨와 고두심 씨가 광고에서는 다시다의 대표 선수와 맛나의 대표 선수로 강하게 맞붙었다.

슈퍼마켓 등 식품 소매점에서는 판촉 여사원 경쟁이 치열했다. 처음에는 새로운 조미 식품에 대한 시식으로 수요를 개발하고, 소매점의 진열을 도와줄 목적으로 시작했으나, 나중에는 인해전술로 바뀌었다. 조그만 식품점의 경우는 경쟁사의 판촉 여사원이 파견되면 경쟁은 끝이다. 소비자는 권유에 약하다. 마음에 안 들어도 권하면 어쩔 수 없이 산다.

몸싸움도 피하지 않는 뜨거운 경쟁 속에서

정상 제품은 30g인데, 신제품을 홍보하기 위해 5g짜리 샘플을 만들어 나누어주었다. 경쟁이 치열해지자 무료로 고객에게 주는 시식용 샘플이 파는 제품보다 많았다. 알뜰한 소비자는 제품을 사지 않고 샘플만 얻어가도 충분할 정도였다.

슈퍼마켓에는 보통 양사 판촉 여사원이 모두 파견되어 있었다. 입지가 좋은 슈퍼마켓은 자기 회사 소속 종업원은 별로 없고 파견된 판촉 여사원이 대부분이었다. 이들은 자사 제품 판촉만 하는 것이 아니라 슈퍼마켓 일도 거들어주었다.

판촉 여사원의 가장 중요한 역할은 진열 면적 확보다. 진열 면적 한 줄을 늘이기 위한 양사의 싸움은 격렬했다. 때로는 직접 몸싸움을 벌이고 서로 고소 · 고발하는 사례까지 있었다. 제품 진열대에 붙이는 곤도라 스티커(슈퍼마켓 진열대에 가로로 붙이는 광고물), 제품 광고물, 아이캐처(eye catcher, 소비자의 시선을 붙잡는 소형 광고판) 모두 다시다가 국내 최초로 개발한 점두광고물들이다.

작은 소매점에 다시다를 거는 걸게까지 만들었다. 멀리서도 바로 눈에 띄고, 소매점에서 바로 뽑아서 줄 수 있기 때문에 판매도 편리하다. 이 걸게 경쟁도 치열했다. 걸게도 좋은 위치가 있다. 밖에서 소비자들 눈에 잘 띄어야 하고, 소매점주가 판매하기 용이해야 했다.

한때는 포스터 붙이기 경쟁도 뜨거웠다. 심벌 컬러가 다시다는 빨간색, 맛나는 노란색이었다. 다시다는 빨간색 바탕에 흰 글씨로 다시다라고 썼고 맛나는 노란색 바탕에 빨간 글씨로 맛나라고 썼다. 이것을 신문지 전면 크기의 가로로 길게 된 포스터로 만들었다. 빨간 바탕에 브랜드만 크게 쓴 것이다. 물론 맛나도 똑같이 따라왔고 슈퍼마켓 입구에 이 포스터 붙이기 경쟁이 벌어졌다. 처음에는 한 장씩 붙이다가 경쟁이 격화되자 여러 장으로 벽을 도배해 버렸다. 심한 경우 가로로 열 장, 세로로 열 장을 잇달아 붙였다. 벽면이 온통 다시다 맛나로 도배된 것이다.

성공한 브랜드의 뒷모습

이것도 한 번 붙이면 끝나는 것이 아니라 하룻밤 지나면 주인이 바뀌었다. 다시다로 도배를 해 놓았는데 그 다음날 아침에는 맛나로 바뀌어 있었다. 이것을 다시 바꾸려고 밤을 새우며 고쳤고 이런 과정에서 싸움이 벌어졌다.

간판 경쟁도 치열했다. 이것은 맛나가 먼저 시작했다. 길가에 보면 사람들 눈에 잘 띄는 식당, 슈퍼마켓, 소매점들이 있다. 여기에 간판을 새로 해주면서 양쪽에 다시다, 맛나 브랜드를 다는 것이었다. 종전에는 주로 술 회사에서 새로 오픈하는 식당의 간판 제작비를 일부 지원해주고 브랜드를 달았다. 이것도 경쟁이 되니까 멀쩡한 간판을 새로 해주고 브랜드를 달았다. 길거리를 지나가다 보면 온통 맛나, 다시다 간판이었다. 물론 간판은 맛나가 압도적으로 우세했다.

소비자에게 덤으로 주는 판촉물 경쟁도 뜨거웠다. 프리미엄 판촉물은 미풍, 미원 경쟁 때부터 시작한 것이 다시다, 맛나까지 이어졌다. 1970~1980년대 우리나라 판촉물 업체는 양사가 키워주었다 해도 과언이 아니다.

처음에는 간단한 조미료 용기부터 시작했는데 접시, 쟁반, 바가지, 그릇, 양푼 등으로 점점 커지더니 나중에는 큰 바스켓, 집안의 옷 정리함으로까지 발전했다. 플라스틱으로 만들 수 있는 모든 물건이 판촉물로 활용됐다. 제품보다 판촉물이 더 컸다. 집집마다 아무 쓸모없는 플라스틱 판촉물이 쌓여 있던 것도 이 시기다. 지금 생각하면 마케터로서 부끄러운 활동이었다. 성공한 브랜드의 뒤에는 창피한 뒷모습도 있다.

5

시간을 잡아라, 마음을 잡아라

유통 이야기

유통은 소비자와 만나는 접점이다. 마케팅 전략의 모든 것을 실현시켜주는 접점이다. 유통은 제품 전략, 가격 전략, 프로모션 전략을 더욱 빛나게 해주기도 하고, 이들 전략의 부족한 점을 보충해 주기도 한다. 유통을 장악하지 못하는 마케팅 전략은 잠시 떴다 사라지는 무지개다.

유통을 잘 잡으면 마케팅 전략은 빛을 발한다. 제품이 살아서 움직이고 마케팅 효율이 급상승한다. 유통이 영업 사원 역할을 대신해 준다. 소비자와 커뮤니케이션 통로가 열린다. 마케터의 의도가 그대로 소비자에게 전달된다. 소비자의 소리가 생생이 들려온다. 유통은 소비자 대표다.

당신이 만들면 다릅니다

물과 경쟁하는
스포츠 음료

스포츠 음료 게토레이는 유통의 어려움을 극복한 재미난 마케팅 사례다.

게토레이를 처음 노입할 당시 제일제당은 음료 영업에는 전혀 경험이 없었다. 음료 유통은 초기 유통 투자도 상당히 필요할 뿐 아니라 설탕, 밀가루, 조미료 등 식품 유통과는 판매 방법이 전혀 달랐다. 게다가 음료는 자동판매기나 식품점의 냉장고를 통해 판매되는 상품이기에 일반 온도에서 유통되는 기존 식품 사업과는 보완성이 없었다.

더욱이 국내 시장 진출도 늦었다. 일본에서 히트한 포카리스웨트가 동아 제약 계열의 동아음료와 제휴해 먼저 국내에 들어와 있었다. 동아음료는 이미 오란씨 등 탄산음료를 판매하고 있었기 때문에 상당한 유통망을 구축하고 있었다. 반면 게토레이는 포카리스웨트와 경쟁이 안 될 정도로 열악한 여건이었다. 실제로 게토레이는 출시 초기부터 엄청나게 고전했다.

판매량이 얼마 안 되어 광고를 하기도 어려웠다. 유통 패턴이 다르기 때문에 기존 식품 유통을 활용할 수도 없었고 자동판매기나 냉장고가 부족하니 제품 자체가 보이지도 않았다. 후에 스파클 생수 회사를 인수해 상품을 보완했으나 어렵기는 마찬가지였다. 결국 게토레이는 매년 사업을 계속해야 하느냐 포기해야 하느냐를 검토하는 골치 아픈 상품이 됐다. 마지막으로 마케팅실에서 대책을 내보기로 했다. 유통에서 막힌 것을 마케팅 전략으로 뚫어 보기로 한 것이다. 김진수, 최창희(현 크리에이티브에어 사장) 팀이 실력을 발휘 했다.

선택과 집중의 성공방정식

포카리스웨트와 차별화 전략이 주요 내용이었다.

우선 주력 상품을 바꾸었다. 스포츠 음료는 운동 후 마시면 갈증이 해소되지만, 평상시에 마시면 일반 음료에 비해 약간 찝질한 맛이 났다. 포카리스웨트는 단일 상품인데 비해 게토레이는 여러 종류 상품이 있었다. 그 중 게토레이 레몬은 약간 단맛이 있어 평상시 마시는 데도 부담이 적었다. 그래서 일반 게토레이 대신 게토레이 레몬을 주력 상품으로 선정했다.

그러면서 스포츠 음료가 아닌 평상시 마시는 갈증 해소 음료로 방향을 잡았다. 마침 컬러도 포카리스웨트와 일반 게토레이가 하늘색 컬러였는데 게토레이 레몬은 그린 컬러였다. 하늘색 블루와 그린의 대칭 구도를 만들었다.

광고 예산은 5억 밖에 없었다. 텔레비전 광고를 하려면 한 달 노출도 어려운 금액이었다. 이 예산을 스포츠 신문에 집중 투자하기로 하고 스포츠 신문과 3개월 동안 집중 광고를 조건으로 흥정해 정상 광고비의 50%를 할인한 금액으로 계약했다. 3개월 동안 1주일에 한 번 노출할 수 있는 금액이었다. 3, 4, 5월 집중 광고를 했다.

이 전략은 대성공이었다. 게다가 실제 광고 집행은 계약된 광고보다 2배 정도 더 집행되었다. 스포츠 신문에서 광고를 확보하지 못하면 기 계약되어 있는 게토레이 광고를 무료로 게재해 주었기 때문이다.

스포츠 신문에 10단 광고를 어떻게 만들 것이냐가 과제였다.

제일기획 AE였던 최창희 부장이 기발한 아이디어를 가져 왔다. 10단 전체에 짙은 녹색 바탕을 깔고, 흰 글씨로 '달지 않아야 한다' 만 초대형으로 표현하자는 것이다. 카피는 없고 헤드라인만 있는 광고다. 광고라기보다는 포스터 같았다. 물론 한 구석에 게토레이 캔과 갈증해소음료 게토레이란 표시는 들어간다.

브랜드는 생명이다

게토레이는 포카리스웨트와 경쟁이 아니라, 달디 단 콜라, 사이다 같은 기존 탄산음료를 공격하는 상품으로 만들자는 것이다. 물과 경쟁이 되는 상품이 목표였다. 그 당시 탄산음료 수요가 정체되고 과즙음료와 생수 소비가 증가하던 시기라 이 전략은 적중했다.

이 광고가 나가자 반응은 폭발적이었다.

그 때까지 10단의 광고 면에 글씨만 나온 광고는 없었다. 소비자 반응도 놀라웠지만 사내 여론이 분분했다. 가장 강력히 반발한 것은 회사 내의 설탕 사업부문이었다. 제일제당이 설탕 사업으로 출발한 회사이고, 설탕이 가장 이익을 많이 내는 주력 사업인데 어떻게 '달지 않아야 한다' 광고를 할 수 있겠느냐는 것이다. 그때는 나도 고집이 셌는데 지금 생각해보면 어떻게 그 압력을 이겨냈는지 모른다.

그 해 여름 고속도로 휴게소에서 신기한 광경을 목격했다.

당시는 냉장 시설이 많이 보급되지 않아서 프라스틱으로 만든 큰 통에 사이다, 콜라, 주스, 맥주 등 각종 음료수를 얼음과 함께 물에 담아 놓고 팔았다. 그런데 그 중에 게토레이가 들어 있었다. 고속도로 휴게소와는 거래하지도 않았는데 어떻게 상품이 왔는지 놀라웠다.

그것은 광고의 힘이었고 광고에 반응한 소비자의 힘이 브랜드를 널리 퍼뜨렸다. 휴게소 음료수 판매 풍경 하나로 브랜드력이 있으면 상품은 저절로 길을 만들어 걸어간다는 것을 실감했다.

이렇게 해서 게토레이는 살아 났다. 한창 많이 판매될 때는 서울 시내에서 포카리스웨트와 비슷한 매출을 올리기도 했다. 그 이듬해 제일제당 사장이 게토레이 모 회사인 퀘이커오츠를 방문했는데, 자가용 비행기를 내 주고 자기 회사 제품을 모두 회의실에 진열해 놓고, 필요한건 무엇이나 갖다 팔라고 권유했다는 기분 좋은 이야기도 들었다.

브랜드력이 생기면 상품은 스스로 유통 경로를 만들어 낸다.

시간과 싸우는
유통관리

육가공 사업은 1970년대 제일제당이 오랫동안 노려왔던 사업이다. 소재 식품 분야에 대부분 진출한 제일제당이 앞으로 나가야할 방향은 육가공, 유가공 분야였다. 항상 신규 사업 대상 1순위에 육가공 사업이 올랐다. 공격적 경영자였던 경주현 대표(후 삼성중공업 회장)는 핵산 조미료 개발, 대두가공 사업, 육가공 사업, 제약 사업 등 제일제당의 숙원 사업을 동시에 추진했다.

육가공 사업은 제일제당의 기존 사업과는 완전히 달랐다.

우선 유통 기간이 짧았다. 가장 빠른 것은 15일 내에 소비시켜야 하고 기간이 긴 제품도 3개월을 넘기지 못했다. 생산 및 판매 수급 조정이 어려워 무엇보다 재고 관리가 생명이다. 제조만이 아니라 유통까지 섬세하게 관리하지 않으면 안 된다. 소매점 진열 재고까지 관리하며 선입선출이 되도록 진열을 매일 바꿔주어야 한다. 그렇게 노력해도 클레임이 많은 분야이다.

육가공 사업은 다품종 소량 생산이다.

설탕, 밀가루, 조미료 모두 소품종 대량생산 제품인데 햄, 소세지는 소량주문 생산을 해야 한다. 최종 식품이므로 변하는 입맛에 대응해야 한다. 매월 신제품이 쏟아져 나오고 제품이 조금 히트했다하면 항상 품절이다. 판매를 예측하기 힘들었다. 원료가 있으면 포장재가 없고, 추가 발주하고 추가 생산하면 또 재고가 남는다. 눈 깜짝 하는 순간 재고가 쌓이고 유통 기간을 넘긴다. 그러면 또 어쩔 수 없이 멀쩡한 제품을 폐기해야 하고 담당자들은 밤을 새우기 일쑤다.

빠른 실행력으로 승부하라

아무리해도 이익은 나지 않는다.

무엇보다 축산물이라 원료 가격이 들쑥날쑥이다. 돼지고기가 폭락했다가 폭등했다가 하는 통에 원료 가격이 이익을 좌우했다. 제품의 품질 차이가 천차만별이기 때문에 가격 경쟁도 치열했다. 햄, 소세지는 소량도 생산 가능하기 때문에 생산 회사도 많았다. 즉 대량생산, 대량유통이 아니므로 대기업의 이점도 적다. 차별화하고 독특한 이미지만 구축하면 오히려 소기업이 유리하다.

이런 다양한 어려운 점을 갖고 있어서 육가공 사업은 경영의 꽃이라고 한다. 소비자부터 유통, 제조, 구매, 원료 생산까지 완전히 장악하고 컨트롤해야 이익이 나는 사업이기 때문이다. 맛과 품질도 중요하고, 독특한 자기만의 이미지를 갖는 것이 중요한 사업이다. 그 때 그 때 빠른 의사 결정도 필요하다. 경영의 모든 요소를 꿰뚫고 있으며 빠르게 움직여야 이익이 나는 분야가 바로 육가공 사업인 것이다.

육가공 사업에 관해선 일본 마루다 햄의 벤치마킹 기억이 새롭다. 햄, 소시지는 상하는 제품이라 날짜 관리가 생명이다. 기간을 넘기면 제품을 폐기해야 하기 때문이다. 일본 마루다 햄의 판매사원은 매장을 방문해 제품의 진열 위치를 전부 바꿔준다. 날짜에 따라 오래된 제품은 앞으로 내놓고 새 제품은 뒤로 놓는다. 진열 위치에 따라 잘 팔리는 위치가 있으므로 전략 상품은 잘 팔리는 위치에 옮겨 놓는다.

판매사원에게 완벽한 재량권이 부여되어 있었다. 판매사원이 즉석에서 할인 판매 결정을 내리고 스티커로 30% 할인 세일 표시도 한다. 어떨 땐 반품을 받아 다른 점포에 싸게 넘기기도 한다. 이러한 내용은 모두 핸드 컴퓨터에 입력하고 그 다음 날 아침이면 판매사원별로 일일 손익이 나온다. 즉 권한을 주는 대신 이익 중심 관리를 했다. 유통기간이 짧은 제품이므로 시간 관리가 이익과 직결되었다.

시간과의 싸움을 줄이는 독특한 판촉 시스템

또 한 가지 마루다 햄의 독특한 제도는 판매사원과 관리자의 동행 판촉 제도다. 관리자는 의무적으로 판매사원과 함께 루트 세일을 해야 한다. 한 달에 영업소장은 15일, 지구장이라는 지역 관리자는 8일, 판매 담당 임원은 4일, 생산을 담당하는 공장장도 한 달에 4일은 반드시 동행 판촉을 해야 한다. 그 덕분에 마루다 햄의 모든 간부는 보고가 필요 없을 정도로 시장 상황을 너무 잘 알고 있다. 품질에 문제가 있으면 영업에서 보고하기 전에 공장장이 먼저 안다.

판매사원들은 보고서를 쓰지 않는다. 고객이나 거래선 동향 보고서도 없다. 영업 보고서는 동행 판촉하면서 느낀 점을 영업소장이 직접 써서 게시판에 붙여 놓는다. 판매사원들은 읽어 보고 참고만 하면 된다.

영업관리자도 한 달에 한 번은 생산 현장에 근무해야 한다. 이 회사는 판매부장과 공장장을 맞바꾸는 과감한 인사를 하기도 한다. 그래도 전혀 문제가 없다. 공장장이 판매 현장을 너무 잘 알기 때문에 바로 영업을 지휘할 수 있다. 판매부장이 공장장을 맡아도 전혀 낯설지 않다. 매월 현장을 드나들었기 때문에 바로 일을 할 수 있음은 물론이다.

모든 것이 시간과의 싸움을 줄이는 시스템이었다. 시간은 기다려주지 않는 법, 사람과 시스템을 바꿔 짧은 유통기한을 극복하는 수밖에 없었다. 시간을 장악해야만 이익을 창출할 수 있다.

중고차를 잡아라

자동차 유통에선 중고차가 핵심이다.

중고차를 장악한 사람이 유통을 장악할 수 있다. 중고차는 일단 고객 수가 많고 매년 증가한다. 신차가 출고되어 고객 손으로 넘어가면 모두 중고차가 된다. 거리에 달리는 것은 모두 중고차고 주차장에 서 있는 차도 모두 중고차다. 그러므로 중고차를 타는 고객을 장악하면 영업은 끝난 것이다.

자동차를 물건의 개념으로 보지 않고 사용의 개념으로 보면 중고차를 타는 사람이야말로 핵심 고객이다. 차의 기능이 '안전하고 기분 좋은 이동'이라고 하면, 그 부족한 부분이 많은 것이 중고차다. 차가 타는 사람의 사회적 지위를 상징한다면,

그 부족한 부분이 많은 것이 중고차다. 부족한 부분이 많다는 것은 그만큼 사업 기회가 많다는 뜻이다. 고객의 부족한 부분을 채워주는 것이 상품이고 마케팅이다. 그런데도 자동차 회사는 신차 마케팅에만 집중한다.

중고차에는 무한의 사업 기회가 있다. 신차보다 판매 마진율도 높다. 간단한 정비나 도장, 액세서리 추가만으로 자동차의 부가가치를 높일 수도 있다. 신차와 똑같이 할부 금융이나 보험 수수료를 챙길 수도 있다. 중고차는 신차보다 주행 거리가 많기 때문에 부품도 바꿔야 하고, 엔진도 점검해야 하고, 타이어도 손봐야 하는 등 정비할 일이 많다. 이렇듯 중고차는 한 번 거래로 끝나는 것이 아니라 계속 사업 기회가 생긴다. 중고차는 자동차 보유기간이 짧다. 더 좋은 자동차로 바꾸기도 하고 신차로 바꾸기도 하기 때문에 그때마다 새로운 영업 기회가 생긴다. 한 고객을 평생 관리한다고 볼 때 한 고객이 평생 지불하는 수수료나 유지 관리 비용은 신차 고객과 비교할 수 없을 정도로 높다.

제품이 아닌 고객에 집중하라

중고차는 제2의 상품이다. 고객의 욕구를 충족시켜 주는 것이 상품이다. 중고차는 신차로 해결할 수 없는 고객의 욕구를 충족시켜 준다. 적은 비용을 내고 좋은 차를 타는 기쁨을 준다. 영업은 고객수를 늘려가고 자기 팬을 늘려 가는 활동

 그래서 영업 마케팅의 목표는 충성 고객, 로열 고객, 단골
고객 확보라고 말한다. 이렇게 봤을 때 중고차 고객은 자기 브
랜드를 애타게 흠모하는 고객이다. 꼭 사고 싶고 타고 싶은데
돈이 없어서 못 사는 고객, 그야말로 판촉비 하나 안 들이고 만
들어진 충성고객이다.

이런 중고차를 신차처럼 팔면 된다. 같은 브랜드의 자동차가
A, B, C, D, 4 등급이 있다고 보면 A급은 공장에서 막 새로 나
온 신차다. B급은 3년 이내의 중고차로 성능은 신차나 거의 다
름없다. 어떤 옵션을 달고 어떻게 사용했느냐에 따라 신차보다
더 좋을 수 있다. C급은 7년 이내의 중고차로 이것이야말로 흔
히 중고차라고 불리는 차다. 얼마만큼 일상 관리를 하느냐에
따라 성능이 좌우되는데 요새는 차 성능이 좋아져 타고 다니는
데 전혀 불편함이 없다. 정비의 주 수입원이기도 하다. D급은
7년 이상 탄 차다. 폐기 대상이기도 하지만 자동차 10년 이상
타기 운동도 있듯 얼마든지 더 탈 수 있다. 이렇게 나누어 관리
하면 자동차 한 대를 4번에 걸쳐 판매할 수 있다. 제품 라인이
4개로 늘어나는 것과 똑같다.

자동차의 제품 개념을 사용의 개념으로 보면 많은 사업 기회
가 생긴다. 웅진 코웨이가 정수기를 렌털로 전환해서 성공했듯
자동차를 렌털의 개념으로 보면 된다. 그러면 자동차 정비, 부
품, 오디오, 네비게이터, 액세서리, 청소, 항균, 공기 정화 모두

사업 기회가 됨은 물론 그에 따른 금융, 보험도 포함된다. 자동차 수요가 늘어나면서 번창한 것은 자동차 회사가 아니라, 자동차에 쓰는 기름을 판매하는 정유 회사나 자동차 다니는 길을 뚫는 도로 공사다. 막상 자동차를 생산하는 회사는 1등인 현대를 빼 놓고는 모두 몰락했다. 대우자동차도, 기아자동차도, 쌍용자동차도 주인이 바뀌었다.

제품이 아닌 고객에 집중했으면 어땠을까 생각해 본다.

영업은 고객과 네트워크를 만드는 활동

실제로 삼성자동차는 중고차 전략에도 노력을 많이 기울였다. 비싼 원가라는 핸디캡을 보완하는 전략이 이미지 전략, 서비스 전략과 함께 중고차 전략이었다. 중고차 가격이 올라가면 신차 가격이 높아도 인정을 받게 된다. 그래서 일본으로 특별 연수를 보내는 등 외국의 중고차 시장도 많이 조사하고 연구했다. 지금도 삼성자동차는 중고차 가치를 가장 높게 인정받는 자동차다. 중고차 업계에는 이때 훈련받은 삼성자동차 출신이 곳곳에 퍼져 있다.

모든 사업이나 제품에 실제는 중요한데 중고차처럼 소홀하기 쉬운 영역이 있다. 제품이 아닌 고객에 초점을 맞추면 찾을 수 있는 사업이다. 영업이란 고객과 네트워크를 구축하는 것이므로 네트워크를 구축하면 사업은 저절로 된다. 가전제품 회사의 경우는 애프터서비스를 통해서 네트워크를 구축할 수 있다.

텔레비전을 한 번 사면 10년 쓴다. 신제품 판매는 한 번이지만 애프터서비스는 계속 이어진다. 다른 회사 텔레비전을 살 때까지 계속 고객을 만난다. 저절로 네트워크가 만들어지고 10년에 가까울수록 더 자주 만나게 된다. 제품에 대한 이미지, 회사에 대한 이미지는 여기서 결정된다. 영업이 팬을 만드는 활동이라면 어디서 팬이 만들어질까? 이보다 더 좋은 기회는 없다. 10년을 합산하면 부가가치도 제조보다 서비스가 더 높을 것이다. 고객을 저절로 만나는 기회를 잡으면 된다.

2000년대 초반 화장품업계에 초저가 화장품 돌풍이 몰아친 적이 있다. 전국 2만 여 개의 화장품 전문점이 9,000개 이하로 줄어들 정도로 바람이 거셌는데 이 와중에서도 꿋꿋이 버티고 살아남은 전문점은 피부관리를 하는 점포뿐이었다. 화장품을 구매한 고객을 대상으로 정기적으로 무료 피부관리를 해주는 점포는 고객을 잡고 있었기 때문에 꾸준히 매출을 유지했다. 화장품 판매점의 애프터서비스 전략이었다.

제품을 원하고 사용하는 사람, 즉 고객을 먼저 생각하면 새로운 유통의 길이 열린다.

가장 강력한 유통,
직판 시스템

직판 시스템은 가장 강력한 유통이다. 코리아나 화장품은 직판 시스템으로 성공했고, 직판 시스템으로 고전했고, 직판 시스템으로 재기하고 있다. 영업 파워는 제조에서 유통으로, 유통에서 소비자로 이동하고 있다. 모든 힘은 소비자로부터 나온다. 결국 누가 소비자의 문고리를 많이 잡느냐의 싸움이고 소비자에게 가까이 가는 기업이 강한 기업이 되는 것이다. 그런 의미에서 소비자에게 직접 판매하는 직판 유통의 힘은 강력하다.

코리아나 화장품은 국내 화장품 제조업체 중에서 매출액 규모로 3위다. 바로 직판 시스템으로 3위 위치를 확보했다. 흔히 인적 유통으로 불리는 방문판매에는 3가지 형태가 있다. 소비자와 제조회사가 직거래하는 직판과 대리점을 통해 방문판매를 하는 방판, 영업장이 없이 잡다한 여러 상품과 함께 인적 유통으로 이루어지는 다단계 판매가 있다.

소비자에게 직거래하는 직판 유통만으로 보면 코리아나 화장품이 시장 점유율 1위다. 직판은 회사가 소비자와 직접 거래하는 형태이기 때문에 회사가 품질이나 영업에 대한 강한 책임의식을 가져야 한다. 집에서 화장품을 사는 코리아나의 인적유통 고객에게는 ○○ 회사 대리점이 아닌 코리아나 회사 이름의 영수증이 발급된다. 그만큼 회사가 제품과 판매에 대해 책임을 지는 것이다. 물론 중간에 뷰티 카운셀러라 불리는 위탁판매인이 영업을 하고 있지만 회사를 대신해 활동하고 있기 때문에 철저히 관리해야 한다. 그들 조직을 관리하는 데 비용도 많이 든다. 직판 체제를 유지하려면 회사는 투자도 노력도 몇 배로 해야 한다.

신뢰와 실력으로 승부하는 직판 유통

직판은 특히 교육체제가 강하다. 신입 카운셀러 입문부터 철저히 교육시킨다. 매일 아침 실시하는 아침 교육부터, 월간 교육, 직급별 교육, 조직별 교육 등 교육의 연속이다. 방판 회사들이 가장 탐내는 인력이 코리아나 직판 출신 카운셀러일 정도로 훈련이 잘 되어 있다.

직판은 외상을 주지 않는 현금거래다. 회사가 현금거래이므로 카운셀러도 현금거래다. 만약 약간의 외상을 주더라도 월말에는 모두 입금시켜야 한다. 입금이 안 되면 결산이 되지 않고 외상매출금이 아닌 미수금으로 처리되어 다음 거래가 이루어지지 않는다. 직판은 현금거래를 하는 만큼 영업력, 제품력, 서비스력이 믿을 수 있고 탁월해야 한다.

반면 직판과 경쟁이 되는 방판은 외상을 준다. 대리점이 회사에 담보를 제공하고 외상으로 화장품을 사서 외상으로 카운셀러에게 준다. 카운셀러도 외상을 깐다. 처음에는 외상을 까니까 판매가 쉬울 것 같은데 결국은 빚이 쌓이는 것이다.

코리아나가 외상을 주는 화장품과 경쟁하기 위해 개발한 전략이 카운셀러 제도다. 코리아나 카운셀러들은 피부관리 전문가로 전문 피부관리실의 관리사들보다 더 뛰어나다. 전문 교육을 받고 실습을 하며 특별한 경우는 대학에 가서 피부관리 교육을 받는 카운셀러까지 있다. 서로 교대로 교육을 하며 피부관리 기술을 개발한다. 멀리 이사를 간 고객도 피부관리 때문에 코리아나 사무실을 일부러 찾아오기도 한다.

아이러니하게도 코리아나는 직판으로 성공했다가 직판 때문에 고전하기도 했다. 2002년 월드컵 이전까지가 코리아나의 1차 전성기였다. 직판조직이 하루가 다르게 성장하고 매출, 이익 모두 가파르게 상승했다. 그런데 갑자기 성장에 큰 쇼크가 왔다. 월드컵 이후 신용카드 규제 정책이 결정타였다.

가장 강력한 유통으로 가는 길

직판이 급성장하는 데는 신용카드 보급이 도움이 되었다. 회사는 현금거래를 하지만 고객은 신용카드를 활용해 외상으로 구매하고 할부도 가능했다. 그런데 신용카드 한도가 축소되자 고객은 신용카드를 통한 외상구매가 어려워졌다. 그러자 고객은 신용카드가 없어도 외상을 주는 방판으로 이동했다. 그러면서 직판은 위축되고 방판은 급성장했다.

직판이 위축된 것은 신용카드 문제도 있었지만 시스템에 대한 투자를 소홀히 했기 때문이다. 직거래 고객을 관리하려면 정보 시스템의 뒷받침 없이는 어렵다. 사람의 힘으로 관리하고 지원하는 것은 한계가 있다. 직판이 잘될 때는 미처 정보 시스템에 대한 투자를 생각하지 못했다. 카운셀러들의 능력만 믿고 맨투맨으로 고객을 관리했고 별 문제 없는 듯 보였다. 그러나 카드대란으로 영업조직이 무너지기 시작하니까 대책이 없었다. 영업조직과 함께 그동안 그들과 안면으로, 인맥으로 얽혀 있던 고객기반도 와르르 무너졌다. 속수무책이었다. 새롭게 정보 시스템을 구축하고 인적 네트워크를 재정비 하는 데는 너무 긴 시간이 걸렸다.

그러므로 정보 시스템이 제대로 가동만 된다면 직판은 가장 강력한 유통이다. 고객과 회사가 직접 연결되는 파이프라인을 깐 것과 같다. 이 파이프라인에 상품을 실어 보내면 된다. 고객의 생생한 정보를 바로 받을 수도 있다. 고객과 함께 제품을 개발하고 고객과 함께 아름다움을 창조하게 된다. 화장품을 파는 것이 아니라 아름다움을 판다는 꿈이 실현되는 것이다. 이름 그대로 뷰티 카운셀러가 고객을 상대로 아름다움을 위한 카운셀링만 하면 된다. 고객, 고객과 제품, 고객과 카운셀러 등에 관한 모든 데이터를 자산으로 삼아 정보시스템으로 무장한 채 진군하는 직판 유통이라면 밝은 미래를 예견할 수 있다.

- 마케팅 전략의 출발은 시장조사

- 마케팅이 강한 회사는 조사에 목숨을 건다

- 출장 보고서는 출장 전에 써라

- 안 가본 곳은 무조건 나쁘다

- 마케팅이 강한 회사는 조사에 목숨을 건다

- 출장 보고서는 출장 전에 써라

- 안 가본 곳은 무조건 나쁘다

6

마케팅의 모든 것은 현장에 있다

현장 이야기

영업 담당 임원 시절 원칙을 정했다. '일주일에 3일은 반드시 현장을 방문한다!'

내가 안 가 본 곳은 무조건 나쁘다고 생각했다. 실제로 현장을 방문해 보면 이 원칙은 틀리지 않았다. 우리 제품은 없고 경쟁사 제품만 가득 걸려 있는 곳이 많았다. 임원이 안 가는 곳은 관리자도 안 가고, 관리자가 안 가는 곳은 영업 사원들도 안 갔다. 제일제당은 전국에 거래처가 분산되어 있어서 시장에 나가는 것은 쉬웠다. 회사 근처에도 고객이 있고 집에 가는 길에도 고객이 있기 때문에 곳곳이 현장이었다. 일주일에 3일 원칙을 지키기 위해 사무실이 있던 용산 근처를 제일 자주 갔다. 각종 회의를 쫓아 다니다 보면 3일 현장 방문도 매우 어려웠다. 숙제가 밀리면 일요일에도 자주 시장을 나갔다. 어떤 때는 아이들도 데리고 나갔다. 덕분에 우리 집 아이들은 초등학생 시절부터 시장조사란 용어를 잘 알았다.

당신이 만들면 다릅니다

마케팅 전략의 출발은 시장조사

언제나 출발은 시장조사다.

그러나 시장조사를 제대로 하지 않고 마케팅 전략을 세우는 경우가 많다.

정확히 시장조사를 하는 것 자체도 어렵지만 시장조사 후 나온 데이터를 정확히 읽는 것은 더 어렵다. 데이터에서 영감이 떠오르고 고객의 감정이 읽혀야 한다. 그러려면 고객을 직접 만나지 않으면 안 된다. 그래서 나는 마케터들에게 반드시 시장에 나가 직접 고객을 만나라고 한다.

다시다 신발매시 시장조사의 가치를 실감한 적이 있었다.

그 당시는 신제품 개발도 연구소나 공장의 개발팀이 주도권을 가지고 있었다. 마케팅 조사를 해 제품의 콘셉트를 정하고 그에 맞추어 제품을 개발한다는 것은 생각도 못했다.

시제품이 완료되고 생산에 대한 투자가 어느 정도 진행된 단계에서 마케팅으로 넘어왔다. 그 때부터 거꾸로 제품의 콘셉트를 정하고, 가격을 정하고, 포장 디자인을 하고, 판매 예측을 하고, 프로모션 전략을 짜야 했다. 거의 출시 일정이 정해져 있기 때문에 항상 일정에 쫓겼다. 다시다도 쇠고기 다시다, 생선 다시다 두 종류를 발매하는 것으로 계획되어 있었다.

간단한 시장조사로도 큰 손실을 막을 수 있다

아무리 급해도 간단히 조사는 해야 될 것 같았다. 그래서 외부 기관에 의뢰하는 것은 꿈도 못 꾸고 내가 직접 설문지를 만들었다. 쇠고기 다시다, 생선 다시다로 국도 끓였다. 이 국을 소비자들에게 시식하게 하고 설문지로 의견을 받기로 했다. 물론 소비자 샘플링을 제대로 한 것은 아니다. 가상 타깃 고객층인 아파트 거주 소비자들을 대상으로 조사하기로 했다. 조사에는 마케팅실 사원들이 직접 동원되었다. 마케팅실 사원들이 다시다 국을 끓인 보온병을 들고 판매원처럼 가가호호 방문하는 것은 쉬운 일은 아니었다. 그래도 그 당시엔 그런 조사가 거의 없던 시절이라 소비자들도 신기해하며 잘 협조해 주었다.

정확한 소비자 조사라기보다는 마케터들이 고객과 대화를

통해 제품에 대한 소비자의 느낌을 파악하는 데 의미를 두었다. 그런데 직접 잠재 고객과 이야기를 나누어 보니 책상 위에서 생각한 것과 큰 차이가 있었다. 콜럼버스의 달걀처럼 누구나 다 아는 사실인데도 보이지 않는 사실들이 많았다. 소비자들은 발견하지 못한 진실만을 쉬운 언어로 풀어 주었다.

간단한 조사였는데도 생각지도 못한 놀라운 결과가 나왔다. 쇠고기 다시다와 생선 다시다의 선호도가 9대 1이었던 것이다. 이 내용을 조미료 사업을 총괄하던 이 전무에게 보고했더니 깜짝 놀랐다. 그러면서 바로 공장으로 전화를 걸어 생선 다시다 원료를 얼마나 확보했는지 알아보고 당장 발주량을 줄이라는 지시를 내렸다. 조사를 안 했으면 큰 일이 날 뻔 했다. 공장에서는 쇠고기 다시다와 생선 다시다의 생산 계획을 5대 5로 잡고 추진해 왔던 것이다. 그에 맞추어 원료도 확보하고 포장재도 준비했던 것이다.

현장이 답이다

우리나라 사람들은 쇠고기 선호도가 높기 때문에 쇠고기가 더 많이 나갈 것이라는 것은 누구나 판단 가능하지만 막상 담당자 눈에는 그게 안 보였고 두 품목이니까 당연히 반반씩 준비한 것이다. 바둑이나 장기의 수도 옆에서 구경하는 사람의 눈에 더 잘 보이는 원리와 똑같다.

시장조사 결과 9대 1로 반응이 나왔는데도 미련이 남아 실제 생산은 8대 2로 했다. 그렇게 했는데도 생선 다시다 부진 원료를 처분하는 데 3년 이상 시간이 걸렸다. 처음 계획대로 5 대 5로 생산했으면 엄청난 손해를 보고 원료를 폐기처분하는 데도 고생했을 것이다. 주먹구구식 조사였는데도 큰 효과를 보았고, 덕분에 신임 과장이었던 나의 발언권도 강해졌다.

그날 소비자들은 제품에 대한 문제도 많이 제기했다. 조미료 맛이 너무 많이 난다든지, 고기 맛을 내려면 너무 짜고 적게 넣으면 고기 맛이 안 난다는 등의 문제를 제기했다. 연구소, 공장은 제품을 개선하느라 비상이 걸렸다. 다시다의 사용 용도를 설명할 때 '소금이나 간장으로 간을 맞추기 전에 먼저 다시다를 넣으세요'라는 용도 설명은 이런 조사를 통해서 나온 것이다.

그 날의 경험은 보온병에 다시다 국을 타 들고 나간 주먹구구식 시장조사였지만 마케터가 고객을 직접 만나는 활동이 얼마나 중요한가에 관해 큰 가르침을 주었다.

마케팅의 모든 답은 현장에 있다. 훌륭한 마케팅 전략은 책상 위에서 나오는 것이 아니라 고객과 대화 중에 나온다. 전략은 현장에서 수립하라.

마케팅이 강한 회사는
조사에 목숨을 건다

제일제당은 마케팅 조사가 강한 회사다. 그 조사를 바탕으로 차별화 전략을 세우고 있다. 제일제당은 사내에 마케팅 리서치센터를 사시고 있는 최초의 회사로 그 뿌리는 역시 미풍, 미원 경쟁으로 거슬러 올라간다. 후발 상품, 2위 상품인 미풍은 계속 새로운 연구를 하지 않으면 안 되었다. 정통 마케팅 기법은 모두 활용했고 끝없이 새로운 전략을 찾았다. 외국 기업에 대한 연구도 많이 했고 국내는 물론 외국의 전문가도 많이 활용했다. 무엇보다 연구심이 강하다는 것이 제일제당의 큰 강점이다.

앞에서도 언급했지만 우리나라 최초의 마케팅 조사는 1972

년 행동과학연구소와 실시한 미풍에 대한 시장조사라고 생각한다. 그후 제일기획에서 행동과학연구소의 멤버를 스카우트해 마케팅조사팀(후에 마케팅연구소로 개편)을 만들어 많은 조사 연구를 했다.

양보다 질을 차별화하라

1970년대 후반에는 제일기획 마케팅조사팀을 비롯해 한국갤럽, ASI리서치, 한국리서치, AC닐슨 등 많은 조사회사가 생겨나 다양한 도움을 받았다. 일본의 마케팅 조사회사인 노박션의 하야시 히로시게를 한국에 처음 소개한 것도 제일제당이다. 일본 연수 중 노박션을 방문해 설명을 듣고 회사에 추천했다. 당시 일본에서 화제가 된 아사히 수퍼 드라이 맥주 성공사례를 흥미 있게 듣고 소개했다.

당시 국내에서는 인지도, 최초 상기율(Top of Mind, 특정 제품군을 떠올렸을 때 가장 먼저 생각나는 브랜드 비율) 등 초보적인 몇 개의 자료만 갖고 광고 효과나 브랜드력을 판단했는데, 노박션의 모델은 브랜드나 광고의 임팩트, 차별성, 품질, 가치 등을 갖고 예상 시장 점유율까지 추정할 수 있어서 흥미로웠다.

당시 제일제당에서 신발매한 세탁세제 비트의 마케팅 전략을 짜는 데 노박션의 도움을 받았다. 하야시 히로시게는 광고량보다 브랜드나 광고, 패키지의 임팩트, 차별성을 많이 강조했다. 이러한 논리는 차별화 전략을 추진하는 제일제당의 마케팅 전략과도 호흡이 잘 맞았다.

지금은 일반화되었지만 당시로서는 가상 광고 안을 만들어 소비자 조사를 하고 점수화하는 방식이 생소했다. 그 결과를 토대로 어떤 메시지로 광고량을 얼마만큼 투자했을 때 시장점유율이 어느 정도 될 것이라고 추정했다. 특히 세탁세제 비트 발매 초기에는 2개월에 한 번씩 광고효과 조사를 할 정도로 관심을 기울였다.

생각을 구체화시켜주는 마케팅 조사

하야시 히로시게 선생님과 신제품 개발 테마를 찾기 위해서 우리나라 전체 식단에 대한 연구를 한 적도 있다. 주부 40명의 일주일 식단을 정밀 분석한 것이다.

주부들에게 일주일 동안 하루 세 끼 해먹은 음식의 일기를 모두 쓰도록 했다. 그 결과를 토대로 그룹 인터뷰를 했다. 본인이 만든 메뉴를 소개하고, 그 메뉴를 선정하게 된 동기, 그 메뉴를 먹는 빈도, 식구들 반응, 요리 방법, 자기만의 노하우 등 다양한 토론을 했다. 물론 그 내용은 모두 기록했다. 눈에 번쩍 띄는 새로운 식품 개발 테마를 많이 찾아내지는 못했지만 식품 회사로서는 꼭 해야 할 흥미로운 연구였다. 이러한 데이터는 연구원이나 마케터들이 한 번 보고 끝나는 것이 아니라 계속 옆에 놓고 보면서 참고해야 할 자료였다. 이러한 마케팅의 호기심, 연구력이 제일제당을 발전시키는 데 일조했다고 생각한다.

삼성자동차 시절에도 우리나라 최대 규모의 자동차 소비자 조사를 했다. 처음에는 제일기획 조사팀과 소비자 조사를 했는데 삼성자동차를 사겠다는 사람이 약 18%로 나왔다. 부산 지역은 26%나 되었다. 영업용 기사들의 38%가 삼성자동차 구입을 희망했다. 부산 지역 기사들은 60%나 되었다. 그런데 젊은 층 반응이 약했다.

그 내용을 이건희 회장에게 보고했더니 세계적으로 권위 있는 회사와 제대로 조사해 보는 것이 어떻겠느냐는 의견을 주었다. 이에 힘을 얻어 도요타 자동차를 오랫동안 조사한 경험이 있는 일본 리서치센터와 한국갤럽이 제휴해 샘플 사이즈 3,000명 규모의 대규모의 방대한 소비자 조사를 했다. 기존 자동차에 대한 평가를 비롯해 구매 기준, 구매에 영향을 주는 사람, 구매 시 참고 자료 등 영업에 필요한 모든 것을 조사했다.

마케팅 조사는 머릿속에 맴돌고 있는 생각을 구체화시켜주고 확신을 준다. 꼼꼼한 조사에서 출발한 마케팅 전략은 데이터를 기초로 시장을 과학적으로 파악했기 때문에 시장이나 고객을 설득할 훌륭한 근거와 효율적인 공격 포인트를 갖는다. 조사만한 강력한 마케팅 무기는 없다. 조사가 강한 회사는 마케팅이 강해질 수밖에 없다.

출장 보고서는
출장 전에 써라

1970년대 초에는 해외 출장이 매우 드물었다. 미국이나 유럽은 물론 일본에 다녀온 사람도 거의 없었다. 특히 국내영업 부문은 해외에 다녀온 간부가 다섯 손가락으로 셀 정도였다. 나는 마케팅을 담당해 일본은 비교적 자주 다녔는데 적어도 일년에 두 번 정도는 방문하려고 노력했다. 당시는 일본과 우리나라의 격차가 많이 날 때라 일본에서 많이 배웠다. 회사도 많이 방문하고 조사도 많이 했다. 일본 기업체 출신의 고문도 많이 활용했다. 삼성 합격 후 출근할 때까지 2개월 동안 일본어 학원에 다녔는데, 그게 그렇게 요긴하게 쓰일 줄은 몰랐다.

몇 번 일본을 왕래하는 동안 시장조사 요령이 생겼다. 일본을 대표하는 몇몇 장소를 정해 갈 때마다 꼭 가 보았다. 주로 도쿄에 있는 곳이었다. 다른 일로 출장을 가서 아무리 바빠도 짬을 내어 찾아 갔다. 그 곳에 가면 트렌드를 알 수 있었고, 얼마만큼 어떤 방향으로 발전하고 있는지 변화를 느낄 수 있었다.

식품 회사에 있었기 때문에 시부야에 있는 세이부 백화점의 식품관은 꼭 가보는 장소였다. 서울로 보면 압구정동 현대 백화점 식품관과 비슷한 비중을 차지하는 곳인데 식품을 예술품처럼 전시해 놓았다. 식품의 최신 트렌드를 볼 수 있었다. 일반 소비자들이 많이 이용하는 상품을 보려면 도쿄 시내가 아닌 외곽의 마트에 가 보아야 했다. 세이부 백화점 식품관에서 판매하는 상품과 외곽 마트에서 판매하는 제품의 종류가 달랐다. 외곽의 마트에선 변화가 보이지 않았는데 세이부 식품관에선 변화가 보였다.

변화를 보는 눈

일본 패션의 발상지라는 하라주쿠도 꼭 가보는 장소였다. 일본을 처음 갔을 때 하루주쿠에서 느꼈던 감동은 지금도 잊을 수 없다. 좁은 골목을 가득 메운 젊은 인파와 각종 악세서리를 파는 장난감 같은 점포들 속에서 인형의 나라에 온 것 같은 느낌을 받았다. 온갖 신기한 것들이 모두 모여 있는 것 같았다. 패션의 변화가 온몸으로 느껴졌다. 제일제당을 떠나기 전까지 20년 가까이 매년 하라주쿠를 방문했다. 나이를 먹어가면서 조금 어색하다고 느끼기도 했지만 젊은 열기를 느끼려고 노력했다. 지금도 해외 시장조사 나갈 때는 담당자를 바꾸지 말고 같은 곳을 반드시 체크하라고 주문한다. 변화를 감지하고 이를 읽을 줄 아는 눈이 중요하다.

야에스 북 센터 역시 일본에 가면 꼭 가는 장소였다. 지금은 우리나라에도 대형 서점이 많이 생겼지만 그 당시는 그런 것이 부족했기에 일본이 정말 부러웠다. 책방에 가면 유행과 변화, 고객과 기업의 관심사를 읽을 수 있었다. 많은 책 중에서도 세일즈 포로모션 관련 책은 거의 모두 샀다. 하지만 지금 우리나라도 마찬가지지만 일반 마케팅 책은 많아도 세일즈 프로모션 책은 귀했다. 세일즈 프로모션은 이론으로 되는 분야가 아니기 때문이다. 세일즈 프로모션에 관해서는 일인자가 되는 것이 목표였기에 사소한 자료라도 가급적 많은 자료를 모았다.

부장으로 일할 때까지는 아사쿠사 바시의 판촉물 도매상가도 즐겨 가는 장소였다. 조미료 경쟁이 치열할 때 제품 경쟁이 판촉물 경쟁으로 이어졌고 새로운 판촉물을 찾아내는 것도 쉬운 일이 아니었다. 우연한 기회에 동경의 판촉물 도매 상가를 보고 깜짝 놀란 적이 있다. 동대문 시장의 포목상처럼 판촉물만 모아 놓고 파는 상점들이 한 지역을 가득 채우고 있었던 것이다. 하루 종일 구경해도 다 못 볼 정도로 판촉물이 쌓여 있었다. 눈앞에 끝없이 펼쳐진 판촉물 세상에서 보물찾기를 하듯 국내에는 없는 기발한 판촉물을 찾아내며 신나고 흥분했던 기억도 떠오른다. 그밖에 우에노 재래시장이나 긴자의 미스꼬시, 마쯔야 백화점도 변화를 보는 장소였다.

반짝이는 아이디어가 숨어 있는 전문 중소기업

기업체도 많이 방문했다. 한국 기업을 상대하는 해외영업 부서나 홍보팀 같은 곳을 가면 의례적인 이야기나 들을 뿐 충분한 설명을 들을 수 없다. 그럴 땐 가급적 영업 현장 간부를 만나려 노력했다. 현장 간부는 순수해서 많은 것을 알려 준다. 모 식품 회사 영업소를 찾아 갔을 때 큰 창고 안에 판촉물만 가득하던 것을 보고 깜짝 놀라기도 했다. 거기서도 몇 가지 샘플을 얻어와 유용하게 활용했던 적도 있다.

일본에는 마케팅을 지원하는 중소기업이 발달해 있다. 어느 날, 햄, 소시지를 취급하는 회사를 방문했는데 판촉 담당 사원이 한 명 뿐이었다. 그런데 많은 일을 하고 있었다. 어떻게 하나 알아보았더니 모두 협력 회사를 이용하고 있었다. 소규모의 판촉회사, 이벤트 회사, 디자인 회사, 광고회사, 마케팅 기획 회사, 디스플레이 회사 등이 널려 있다. 이런 회사와 접촉하면 업무 영역이 넓어지는 것은 물론 다양한 정보를 모을 수 있었다.

이렇게 해외 출장을 갔다 오면 출장 보고서를 써야 한다. 중요한 계약이나 비즈니스 상담을 위한 출장이라면 결과가 있지만 시장조사나 벤치마킹을 위한 출장은 보고서가 곧 출장 성과다. 마케팅에서 비즈니스 상담을 직접 하는 경우는 드물고 대부분 조사 보고서다.

출장자들에게 보고서는 출장 갔다 와서 쓰는 것이 아니라 출장 가기 전에 쓰라고 했다. 전시회 참관이든 벤치마킹이든 출장 목표가 있다. 출장 전에 자료를 조사해보면 미리 윤곽을 잡을 수 있다. 과거 출장 보고서, 신문 잡지의 기사, 책에 나온 사항을 미리 챙겨보면 된다. 이러한 자료를 토대로 출장 과제를 구체화할 수 있다. 꼭 보고 듣고 판단해야 할 사항을 정할 수 있다. 출장 가서 확인해야 할 사항, 물어 보아야 할 사항, 조사해야 할 사항을 구체화해야 한다. 그렇지 않으면 출장 안 가도 알 수 있는 기본적인 사항만 파악하고는 끝이다. 아무도 읽지 않는 출장 보고서가 또 하나 나올 뿐이다.

일주일 해외 출장 가서 시장, 전시회 2~3일 돌아보고 새로운 것을 찾아내고 시장을 파악했다고 생각한다면 큰 망상이다. 아는 만큼 보인다는 말처럼 평상시 출장 갈 시장이나 제품을 연구하고 있어야 출장 가서 새로운 것을 찾을 수 있다.

해외 출장은 출장 가서 조사하는 것이 아니라 출장 가기 전에 조사를 끝내고 현지에 가서 확인하는 것이다. 회사와 자신에게 도움이 되는 출장이 되려면 출장 전에 미리 자료조사를 통해 보고서의 줄거리를 잡고 출장을 가서는 미지의 세계를 파악하느라 시간을 허비할 것이 아니라 구체적 조사 목표를 정해 집중적으로 파고들어야 한다. 이렇게 조사를 하면 출장 때마다 한 건 건질 수 있다. 미리 준비하면 그 만큼 얻을 수 있다.

안 가본 곳은
무조건 나쁘다

영업이든 생산이든 마케팅이든 현장주의는 아무리 강조해도 지나치지 않다. "책상에서 구상하지 말고 시장에 나가서 보고 듣고 느껴라!" "관리자나 임원은 숫자나 보고서를 믿지 말고 현장에서 확인하라!" 경영자들이 수없이 강조하는 말이다. 일본 사람들은 삼현주의(三現主義)라는 용어를 만들었다. 현장에서 현물을 보고 현실적으로 생각하라는 뜻이다. 원래는 생산 현장의 혁신을 위해 나온 용어인데 영업이나 마케팅도 똑같다. 현장에 나가 고객을 만나면 많은 것을 느낄 수 있다. 책상에서 생각하는 것 보다 몇 배는 빨리 감이 온다. 마케팅은 창작이 아니라 고객 속에 있는 것을 꺼내 오는 것, 찾아내는 것이다. 그러나 안타깝게도 많은 사람들은 현장에 잘 안 나간다.

조미료 영업을 할 때도 현장을 많이 강조했다. 현장을 나가면 진열부터 체크한다. 경쟁 상품과 취급율을 비교하고 진열 면적, 진열 위치를 점검한다. 물론 소매점 사장님께 부탁도 한다. 진열 면적 한 줄 더 늘이고 진열용 걸게 하나 더 거는 것이 판매하는 것보다 더 어렵다. 어쩌다 높은 분들이 출장 나온다고 하면 어떻게 사정사정해서 반짝 진열이 좋아진다. 그러나 그런 경우 돈을 안 받고 인정으로 제품을 진열하기 때문에 결국 불량 채권이 되기도 한다.

판매 현장은 임원이 안 가면 관리자도 안 가고, 관리자가 안 가면 영업 사원도 안 간다.

영업임원 시절 일주일에 3일은 반드시 현장을 방문한다는 원칙을 정하고 가급적 현장을 많이 나가려 노력했다. 어느 정도 지나니 시장이 보였다. 처음 가본 지역이라도 어느 골목으로 가면 식품 소매점이 몰려 있는지도 알 수 있었다. 시장을 방문할 때면 판매사원과 함께 방문했다. 판매사원은 진열이 잘 되어 있는 곳을 안내하려고 했지만 일부러 판매사원이 안내하는 곳은 가지 않고 식품점이 몰려 있는 골목 시장을 찾아 갔다. 판매사원은 당황해서 어쩔 줄 몰라 했다. 가보면 전혀 관리가 안 되어 있는 것이었다. 판매사원도 방문한 적이 없는지 소매점 주인들에게 인사를 해도 반응이 별로였다. 속은 부글부글 끓지만 그 자리에서 야단치지는 않았다. 대신 언제까지 개선해 놓겠냐고 약속만 받았다. 내가 와보지 않은 것을 탓했다. 그리곤 반드시 개선 약속한 날에 재방문을 했다.

말로 일하지 말고 발로 일하라

코리아나 화장품에 와서는 토요일을 현장 방문의 날로 정했다. 토요 휴무제가 도입되면서 토요일은 여유가 있었다. 본사는 휴무이지만 영업 현장이나 거래선은 대부분 토요일에도 영업을 했다. 토요일 현장을 방문할 때는 예고 없이 그것도 담당 부서 직원과 동행하지 않고 혼자서 방문했다. 서울 근교 가까운 곳은 직접 운전해 평상시 출근 시간과 똑같은 시간에 방문했다.

내가 사무실에 들어서면 모두들 당황했다. 사장의 현장 방문이 아무래도 부담스럽고 낯설었던 것이다. 출근하는 모습도 지켜보고 아침 조회도 함께 했다. 출근 모습만 보아도 영업 분위기를 알 수 있고 판매 성적을 알 수 있었다. 하지만 문제점을 채근하기보다 좋은 점을 찾아 격려하려 노력했다.

이렇게 현장을 방문할 때면 영업 관련 책을 사들고 갔다. 가급적 현실 상황과 맞는 시사성 있는 책을 갖고 가서 간단한 격려의 말과 함께 사인을 해서 관리자들에게 선물했다. 아마도 거의 모든 영업 간부가 책 선물을 한 권 이상 받았을 것이다. 가끔은 고맙다는 인사나 메일을 보내는 사람도 있었다. 현장을 방문하고 나면 회사 내 인터넷에 방문 소감을 올려 되도록 칭

찬을 많이 했다. 칭찬거리를 찾으려 노력했더니 인터넷에 올린 글도 이야깃거리가 되었다. 그러자 처음에는 사장 방문을 부담스럽게 생각하던 영업장들이 나중에는 자기 영업장은 왜 방문하지 않느냐고 항의하는 일까지 생기기도 했다.

화장품 전문점을 방문할 때는 너무 일찍 가서 기다린 적도 있다. 점포의 특성상 가게 문을 늦게 여는데 회사 생각만 하고 일찍 간 것이다. 그만큼 시장을 몰랐던 것 같아 부끄럽기도 했다.

영업 임원이 간 곳은 상품 진열이 늘어나고 좋아진다. 소매점 주인의 태도가 달라지고 현장 분위기가 개선되는 것은 물론 판매 실적까지 오른다. 가 본 곳은 좋아지고 안 가본 곳은 고인물이 되어 썩어간다. 결국 영업은 담당 임원의 발품이 실적이다. 말보다 발이 먼저 가야 한다.

1인당 교육비 최고의 신입사원 교육

공수부대 훈련을 판매에 도입

축구와 판매의 공통점

지리산에서 무박 3일 팀워크 훈련

함께 눈물 흘리는 감수성 훈련

7

브랜드를 키우듯 사람을 키운다

교육 이야기

교육은 내 부전공이다. 제일제당 판매 기획 담당 시절 회사에 팀워크 훈련이 절실한 것 같아 건의했더니 "네가 한 번 해 보라"고 해서 한 것이 부전공이 되었다. 여러 교육 가운데 특히 신입사원 교육을 하면 보람이 컸다. 교육 효과가 바로 나타나 마치 백지 위에 그림을 그리는 것 같아 신이 났다. 마케팅이나 신선한 판촉 아이디어도 얻을 수 있고 마음에 드는 후배를 마케팅실 신입 사원으로 픽업하는 특혜도 누릴 수 있었다. 인재 제일의 삼성그룹의 힘은 공채와 교육에서 나온다고 생각한다. 우연한 결과인지 모르지만 제일제당이 삼성 그룹에서 분리된 후 사장 2명 모두 제일제당 판매 신입사원 중에서 나왔다. 1973년에 교육한 제일제당 판매 신입사원 7명 중에서도 삼성관계사 사장 2명과 대식품회사 사장이 나왔다. 후에 돌아가신 이병철 회장께서 영업교육은 중앙일보나 제일제당 판매에 보내서 시키라고 하셨다는 이야기도 전해 들었다. 사원교육이 회사의 미래를 좌우한다.

당신이 만들면 다릅니다

1인당 교육비 최고의
신입사원 교육

삼성그룹은 그룹 공채사원을 뽑으면 보통 1~2개월 합숙훈련을 시킨다. 흔히 삼성사관학교라 불리는 삼성식 훈련이다. 삼성의 문화를 배우고 삼성정신을 기르며 삼성인으로서 프라이드를 심어준다. 그러나 1970년대 초는 이러한 훈련체계가 잡히지 않았던 때라 그룹본부에서 일주일 정도 오리엔테이션을 한 후 제일모직, 제일제당 등 공장 연수가 대부분이었다. 지식을 배운다기보다 합숙훈련을 하면서 삼성의 분위기를 익히고 동기생간의 팀워크를 다지는 효과가 더 컸다.

삼성그룹은 우리나라에서 공채 제도를 제일 먼저 도입한 기업이다. 공채 사원들의 프라이드는 매우 강했다. 그런데 내가 입사한 1971년은 1차 오일쇼크로 인한 불황기로 기업의 인력 채용이 매우 적었다. 삼성그룹도 1970년에 공채를 하지 않았고, 1971년에는 단 50명을 채용했으며 1972년 초에도 그룹 공채를 하지 않았다. 삼성그룹의 내 동기들은 앞뒤 공채가 없어서 비교적 승진은 빨랐지만 입사 2년 뒤에야 후배를 맞는 기쁨을 느꼈다.

입사 2년 뒤인 1972년 말부터 삼성그룹 전체로 200명 이상의 공채 인력이 들어왔다. 새로 사업을 시작한 삼성전자를 비롯해 금융회사까지 포함된 인력이었다. 그 중 제일제당 판매는 1972년 말, 1973년 말에 각각 7명의 신입 사원을 배정받았다. 지금은 영업 부문이 통합되어 있지만 1970년대 초 3년 동안 제일제당 영업 부분이 제일제당 판매라는 별도 회사로 독립되어 있었다.

무슨 일을 맡든 영업을 알아야 한다

그룹 공동 교육을 받은 신입사원이 들어오면 각 사에서 다시 교육을 시켰다. 판매회사의 신입사원 7명은 교육을 시키기에는 교육 단위도 안 되는 작은 규모였다. 강의실에 모아 놓아도 교육 분위기가 살아나지 않고, 외부 강사를 초청하려 해도 단위당 비용이 너무 많이 들었다.

그러나 제일제당 판매 입장에서는 처음 받은 신입사원이었다. 제일제당 판매 주식회사의 공채 1기였던 것이다. 앞으로 제일제당 판매를 이끌어갈 인재로서 무엇인가 강력한 인상을 심어주고 싶었다.

7명의 작은 인력이지만 정식으로 교육을 하기로 하고 15일 합숙훈련 계획을 세웠다. 1인당 교육비로 보면 무모한 계획이었다. 요새 말로 들이댔다. 우여곡절은 있었으나 몇 번의 사내교육이 히트해 신뢰를 받고 있었기 때문에 경영층의 승인은 받았다. 교육 담당자의 사기를 고려해 승인을 해주었던 것 같다.

부천 YWCA 버들 캠프장에서 합숙훈련을 했다. 정식 교육장도 아닌 별장 비슷한 건물을 빌리고 정식으로 외부 강사도 초청했다. 영업에서 자주 쓰는 '판매는 전쟁이다' 슬로건도 써 붙였다. 판매교육도 하고, 비즈니스 게임도 하고, 약식 산악훈련도 했다.

전국을 순회하면서 실제 판매훈련도 했다. 미풍 유니폼을 입고 소매상을 방문해 실제로 미풍을 판매하며 판매가 얼마나 어려운가를 체험하게 했다. 고객을 응대하고 소매상을 대상으로 상담하는 훈련도 했다. 판매사원들과 함께 방문하기도 하고 교육생끼리 방문하기도 했다. 판매를 하면서 고객의 반응, 소매상의 반응을 조사하고 판매가 끝나고 나면 모여서 분임 토의도 했다. 나름대로 영업전략 마케팅전략을 짜도록 했다. 물론 신입생들이 모두 영업현장에 배치되는 것은 아니다. 경리를 맡을 사원도 있고 인사를 할 사원도 있다. 그러나 영업을 알아야 했다.

가르칠수록 성장하는 신입사원

지역과 지역을 이동하는 동안에도 과제를 냈다. 책을 한 권씩 주고 이동하는 동안 읽어야 한다. 읽은 내용은 원고지 15장으로 요약해서 보고하도록 했다. 15장 보고서를 받고 나면 다시 5장으로, 5장 보고서는 다시 한 장으로 요약하도록 했다. 내가 대학 신문기자 시절 신문기사를 쓰고, 신문 편집을 하면서 받았던 훈련을 응용한 것이다.

실제로 어떤 사실의 핵심 내용을 파악하고 요약하는 기술은 회사 생활 내내 요긴하게 쓰였다. 교육내용은 철저하게 평가했다. 개인별로 합숙훈련, 판매 실습교육, 분임 토의, 리포트 등 모두 엄격하게 평가했다. 대학생들에게 실시하는 적성검사 시트를 얻어다가 신입사원을 대상으로 적성검사도 실시했다. 나름대로 부서 배치에 대한 의견을 제시하기도 했다. 당시 기업체에는 그러한 내용이 전혀 보급되어 있지 않았던 때라 모두 신기해했다. 주먹구구지만 새로운 시도를 하려고 노력했다. 수업만이 아니라 학교에서 경험했던 여러 가지 것들이 도움이 되었다.

인력이 부족하던 때라 신입사원들은 부서에 배치되자마자 핵심적 역할을 수행했다. 제일제당 판매의 당시 신입사원 교육은 단기간에 고효율의 실적을 거둔 교육이었다.

기업과 학교 교육의 연계가 부족한 상황에서 기업이 요구하는 인재로 탈바꿈시키는 데 신입 사원교육만큼 중요한 교육은 없다. 사원교육 중 가장 성공적이고 확실한 투자는 바로 신입사원 교육이다. 하얀 도화지에 그림을 그리는 교육이 제일의 경쟁력이자 마케팅이다.

공수부대 훈련을
판매에 도입

나는 마케팅이 전문분야이지만 교육과 인연도 깊다. 입사한 지 2년쯤 되었을 때 제일제당의 판매 부문과 별도로 있던 (주)미풍판매를 합쳐 (주)제일제당 판매가 만들어 졌다. 나는 이 회사의 기획실에서 판매 전략 업무를 담당했다. 사원 200명 정도의 회사였는데 구성원이 다양했다. (주)미풍판매부터가 작은 조미료 회사 5개의 영업부문을 합친 회사였다. 미풍 이전 회사 출신을 비롯해, 미풍 출신, 제일제당 출신이 섞여 있었다. 무엇보다 시급한 것이 회사의 팀워크를 구축하는 일이었다. 같은 목표, 한 개의 언어가 통하는 조직을 만들어야 했다.

교육은 기획실의 업무가 아니었지만 전사원 합동교육을 건의했다. 학창시절 대학신문사와 멤버십 트레이닝(Membership Training) 경험을 활용해 팀워크 훈련을 했다. 당시는 변변한 훈련기관도 없을 때였는데, 공군사관학교 교관 출신의 유철종, 김웅삼 선생님이 큰 도움을 주셨다.

같은 꿈을 향한 눈물의 아스팔트 행군

가장 인상에 남는 교육은 제일제당 판매의 'MS 150 작전'이란 교육이었다. 아이디어는 공수부대 특공훈련에서 따왔다. 알다시피 공수부대는 적진 침투를 목적으로 양성하는 가장 강한 군대다. 식량 하나 없이 밀림 속에 떨어뜨려 놓아도 혼자서 생존해야 한다. 9명으로 구성된 1개 분대는 각자 전문 기술과 생존 능력을 갖고 있다. 구성원 중에는 폭약 전문가도 있고, 통신 전문가도 있고, 의료 전문가도 있다. 무에서 유를 만드는 사람들이다.

이러한 원리를 영업교육에 활용해보기로 했다. 쉽게 말하면 150리 행군 훈련으로 행군과 판매를 연결시킨 것이다. MS는 미풍 소물(100g 이하 작은 포장), 즉 가정에서 구매하는 조미료 미풍을 상징적으로 표현했다. 150은 목표 숫자였다. 같은 매출이라도 가정용이 브랜드력을 상징하기 때문에 이를 질적 목표로 별도 관리하고 있었다.

당시 미풍의 소물 판매는 월 90톤 정도였다. 100톤 돌파가 목표였으나 이를 달성하지 못하고 있었다. 그래서 아예 100톤을 넘어 150톤으로 목표를 정하고 이를 상징하는 150리 행군을 훈련 테마로 잡은 것이다. 천안에서 수원 광교산에 있는 아카데미 하우스까지를 행군 목표로 잡았다.

교육 공문도 군대식 작전 명령으로 내려 보냈다. 천안 중앙 공원으로 00일 08시까지 집결하라는 명령이었다. 준비물은 1박 2일 동안 야외에서 숙식할 수 있도록 4끼의 주부식과 취침 도구였고, 식사를 준비할 수 있도록 출장비를 미리 현금으로 지급했다. 저녁 숙박 장소로 초등학교 교실을 빌렸다. 사전에 군대식으로 10명씩 조 편성도 했다. 조장과 소대장, 중대장까지 임명했다.

조원들에게는 임무가 주어졌다. 판촉담당, 시장조사담당, 조직사기담당, 연락담당 등 공수부대 같이 역할이 주어졌다. 단순히 행군만 하는 것이 아니라 중간 중간에 과제도 수행해야 했다.

"박찬원이 사람 죽인다!"

처음 공문을 받았을 때 사원들은 야유회라도 가는 기분으로 들떠 있었다. 그러나 천안 공원 집결지부터 군대식으로 분위기를 잡고 행군을 시작해야했다. 아스팔트를 걷는 것은 등산보다 몇 배나 힘들었다. 초등학교 숙박을 위해 여름방학 기간에 훈련을 했기 때문에 한낮의 뜨거운 폭염은 반나절도 못 가 사람을 지치게 만들었다. 많은 사원들이 발에 물집이 생기고 터지고 부풀어 올랐다. 모두들 절뚝거렸다. 여기저기서 "박찬원이 사람 죽인다!"는 소리가 터져 나왔지만 나는 앞으로 뒤로 뛰어 다니면서 사원들을 독려했다. 아마도 다른 사원들보다 두 배는 더 걸었던 것 같다.

모두들 행군을 하며 악을 쓰고 노래를 불렀다. 혼자서는 불가능한 것을 조직이기에, 팀이 있기에 해내고 있는 것이다.

"산과 같은 파도와 물결에, 철같이 단련된 제당 판매,

행군도 구보도 두렵지 않다! 판매 그 용사, 싸워 이기자!

용감하게 싸우자! 하나! 둘! 셋! 마지~막~ 까지~"

오랫동안 불리고 있는 제일제당 판매가(歌)는 이때 만들어진 것이다. 해병대 출신의 최덕웅 사원이 해병대 노래를 개사해 판매 주제가로 만든 것이다.

당시 중대장으로 대원을 이끌었던 박홍기 과장(전 신세계 사장)은 본사에 연락해 교육을 중단시키려고까지 생각했다고 하니 교육 강도가 엄청났던 것이다. 사원늘이 마지막 수원 아카데미 하우스를 향해 올라 갈 때는 모두 사력을 다해 올라갔고 아카데미 하우스에선 당시 대표이사 이하 모든 간부가 나와서 영접을 해주며 감동적인 조우를 했다.

교육이 끝나는 날 회사 사무실이 있던 무교동 거리는 온통 제일제당 판매의 독차지였다. 1970년대 연고전이 끝난 뒤 고대, 연대 학생들이 스크럼을 짜고 명동, 무교동 거리를 휩쓸고 다니던 모습과 똑같았다. 여기저기서 제일제당 판매가 소리가

높이 들리고 가는 곳마다 스크럼을 짠 제일제당 판매팀들과 부
딪쳤다. 물론 이런 분위기를 만든 데는 당시 판매회사 대표이
사였던 최관식 상무(전 삼성중공업 회장)의 인간적인 리더십이
컸다.

같은 목표 같은 꿈을 향해 한 목소리로 노래하며 행진
하는 조직은 강해질 수밖에 없다. '영업은 사기를 먹고 산
다' 라는 말이 있다. 이런 조직의 사기를 끌어올릴 수 있는 핵
심 경영수단은 바로 교육이다.

축구와 판매의
공통점

1970년대 제일제당 판매에서 전사원 팀워크 훈련을 매년 되풀이하다 보니 팀워크 훈련 아이디어를 짜내는 일도 큰일이었다. 교육도 피교육생과 머리싸움이다. 피교육생의 예상을 깨뜨리는 새로운 발상을 해야 한다. 교육 테마, 교육 장소, 교육 방식도 매년 신선하게 바꿔야 했다. 그러다 보니 1년 내내 다음 해 실행할 교육 아이디어를 생각했다. 교육 테마를 찾기 위해 등산도 가고, 스포츠 경기장도 가고, 공연장도 갔다. 때로는 장소 헌팅도 다녔다.

삼성그룹 연수원에서 MAT(Marginal Ability Test, 한계능력 도전 훈련)란 이름으로 개발되어 산업교육계에 널리 보급된 산악훈련도 1973년 제일제당 판매에서 처음 개발한 것이다. 이 교육은 알파인 오리엔티어링(Alpine Orienteering)에서 따왔다. 일종의 산악훈련으로 등산가가 지도를 보고 목적 지점을 빨리 찾아가는 경기다. 교육장 인근 산에 포스트를 정하고 교육생들이 포스트를 찾아내고 포스트에서 문제를 해결하는 훈련이다. 팀 별로 경쟁을 시키고 야외에서 하기 때문에 흥미롭다. 저절로 팀워크도 발휘된다.

축구와 판매를 연결시킨 교육도 했다. 스포츠와 판매의 원리는 같다는 생각에서 교육을 구상했다. 축구에서 강조하는 정신력, 개인기, 팀워크가 판매에도 똑같이 중요하다. 스포츠에는 승부가 있고 경쟁이 있다. 팀 경쟁, 개인 경쟁도 있다. 강한 경쟁자가 있으면 함께 큰다. 승리의 기쁨, 패배의 아픔도 있다. 무엇보다 훈련과 노력, 도전이 중요하다. 스포츠는 정직하다. 노력한 만큼 결과가 나타난다. 스포츠에는 규칙이 있다. 아무리 실력이 있어도 규칙을 지키지 않으면 도태된다. 이렇게 스포츠와 판매는 원리가 똑같다.

국가대표 축구선수들에게 세일즈 교육을 받다

당시 인기 있던 박이천, 김호곤 등 국가대표 축구선수를 남이섬에 모았다. 경험담으로 국가대표 축구선수의 고생한 훈련 이야기를 듣고 축구 훈련을 하는 프로그램이었다. 경험담을 듣고 난 다음에는 실제로 축구 훈련을 했다. 축구선수들과 같이 준비운동을 한 후 드리블 연습, 패스 연습을 했다. 2대 1 패스, 3대 1 패스 등 축구 선수들이 연습하는 방법대로 했다. 킥 연습도 했다. 축구는 기술도 중요하지만 팀워크가 중요하기 때문에 팀플레이에 초점을 맞추었다. 신기하게도 판매 원리와 축구 원리가 맞아 떨어졌다.

요즘과 달리 인기 스포츠 스타라도 대외 활동이 거의 없던 시기라 강의는 잘 못했다. 비교적으로 입담이 좋다고 알려진 선수를 강사로 내세웠는데도 너무 긴장한 탓인지 제대로 말을 못했다. 그렇지만 스타를 구경한다는 신선함, 축구와 판매를 연결시킨 새로운 발상, 운동장에서 몸을 부딪치는 축구 훈련 등이 그런대로 교육 분위기를 만들어주었다.

남이섬이라는 외딴섬에서 캠프파이어를 하고, 팀워크를 다지고 동료들과 함께 밤을 지새우는 동안 단순히 회사 동료를 넘어서는 끈끈한 우정이 만들어졌다.

이때 생각이 나서 최근에 영업 교육을 축구와 연결시켜 한 적이 있다. 코리아나 화장품에서 세일즈 교육을 하는 데 축구의 전략을 인용한 것이다. 막연한 아이디어만 갖고 축구에서 소재를 찾았다. 서점에 가서 축구 전략에 관한 책을 거의 모두 들춰 보았다. 아무리 찾아도 원하는 사례는 나오지 않았다.

고객의 마음은 골대와 같다

마침내 《속성 축구의 공격 기법》이란 낡은 책을 찾아냈다.

20년 전에 나온 책이다. 일본의 유명한 축구선수이며 대표팀 감독을 역임한 가마모토가 쓴 책이었다. 신기하게도 판매와 축구의 전략은 공통점이 많았다.

축구공은 제품이고, 골문은 고객의 마음, 수비수는 경쟁사, 거절, 핑계 등 고객의 마음속에 제품이 들어가는 것을 막는 훼방꾼들로 해석했다. 판매란 제품(공)을 몰고 가서, 고객의 마음(골문)속에 집어넣는 활동이다. 그 과정에서 경쟁사를 비롯한 많은 장애를 극복해야 한다.

가마모도 감독은 스트라이커는 5가지 조건을 갖추어야 한다고 이야기했다. 스트라이커는 항상 골문을 노리고 있어야 하고, 위치를 잘 잡아야 하며, 1대 1에서 절대 밀리지 말아야 한다. 또 순발력이 있어야 하고, 스피드와 파워가 있어야 한다.

이것도 판매에 그대로 맞아 떨어지는 5대 조건이었다.

'항상 골문을 노리고 있어야 한다' 는 것은 '판매도 항상 골문, 즉 고객의 마음을 보고 있어야 한다' 는 뜻이다. '위치를 잘 잡아야 한다' 는 것은 '경쟁사의 빈 곳을 찾아라' 는 뜻이 되고, '1대 1에서 밀리지 않아야 한다' 는 판매도 똑같이 '경쟁사와 1대 1에서 밀리지 말아야 한다' 라는 뜻이다. '순발력이 있어야 한다' 는 것은 '주문 타이밍을 잘 잡아라' 가 되고, '스피드와 파워가 있어야 한다' 는 것은 '부지런하고 열정적이어야 한다' 는 뜻으로 똑같다. 한국 축구가 약한 것이 골 결정력이듯, 판매사원이 약한 것이 '골인' 주문을 받아내는 것이다.

스포츠맨십과 세일즈맨십은 똑같다. 공격과 방어의 치열함 속에서 골문을 향해 전진하는 것, 싸워서 이기는 것, 그 과정에선 정직하고 열정적이어야 한다는 것 등 많은 공통점이 있다. 축구든 마케팅이든 승부의 세계는 어디나 통하는 것이 있었고 그렇기에 스포츠 훈련이 세일즈 훈련이 될 수 있었던 것이다.

지리산에서 무박 3일
팀워크 훈련

삼성자동차 영업 초창기도 팀워크 훈련으로 분위기를 잡았다. 삼성자동차는 삼성 관계사 여기저기서 인원을 차출해 급조된 팀이다 보니 팀워크가 가장 큰 문제였다. 영업이나 마케팅을 아는 사람도 의외로 적었다. 일하는 방식이 다른 것은 물론 개성도 강했다. 상하 좌우 커뮤니케이션도 문제가 있었다. 일은 많은데 할 줄 아는 사람들이 적다 보니 소수 인력에게 집중되어 서로 불만도 많았다. 조직 분위기를 바꿀 전기가 필요했다.

이렇게 해서 기획한 것이 지리산에서 1박 3일 산악훈련이었다. 제일제당에서 했던 MS 150 작전을 떠 올렸다. 구례 화엄사에서 출발해 노고단을 거처 남원 쪽으로 내려오는 코스를 택했다. 하루 산행을 하기에는 조금 긴 거리였지만 강행하기로 했다. 그 코스는 24km. 여기에도 의미를 붙였다. 현재 건설하고 있는 공장이 제대로 가동하게 되면 연간 생산능력이 24만 대였다. 1m 걷는 것이 자동차 10대 파는 것과 같았다.

삼성자동차 영업으로서는 중요한 의미를 갖는 훈련이었으므로 인사 교육팀에게 각별한 부탁을 했다. 제일제당의 팀워크 훈련 경험도 많이 이야기해주었다. 교육도 마케팅과 마찬가지로 고객을 깜짝 놀라게 해주는 것이라는 말도 강조했다. 교육의 고객은 사원들이다. '교육은 강하게, 진행은 감동적으로'를 강조했다.

새벽에는 강의, 야간에는 산악훈련

서울 남대문에서 저녁 7시에 출발했다. 역시 모두 들뜬 기분이었다. 당시 삼성그룹은 신경영 후 아침 7시 출근, 오후 4시 퇴근의 7·4제를 도입할 때라, 다른 회사는 모두 4시 퇴근을 강요하고 있었다. 그러나 신규사업을 추진하는 삼성자동차는 7·4제의 예외 조직이었다. 출근 시간은 7시이고 퇴근은 9시, 10시를 넘기기 일쑤였다. 그런데 일에서 해방돼 지리산 산행이라니 야유회 가는 기분이었다. 한편 야간산행이라 회사에서 우려하는 분위기도 많았다. 신규 사업 초기에 사고라도 날까 봐 염려해주는 것이었다. 그러나 강행했다.

밤 11시, 지리산 화엄사에 도착했다. 늦은 저녁식사를 한 후 '마테호른의 3부자' 강의를 들었다. 스위스의 마테호른을 초등학생인 두 아들을 데리고 도보로 등반에 성공한 산악인의 이야기였다. 밤 12시가 넘어 시작한 새벽 강의였지만 신규 사업인 자동차 사업을 떠올리며 강한 결의를 다지는 순간이었다.

앞으로 우리가 넘어야 할 장벽은 우리가 교육장으로 선택한 지리산과는 비교될 수 없을 정도로 어려운 난관으로 이를 극복해야 하기에 상징적인 의미를 가지고 있었다. 물론 가장 나이도 많고 직급도 높았던 나도 전 교육과정에 참가했다. 영업직뿐 아니라 경리, 총무 등 스텝사원까지 한 명도 빠지지 않고 모두 교육에 참가했다.

새벽 2시에 모여서 준비운동과 출정식을 하고 팀별로 출발했다. 등산하면서 역시 포스트를 찾아 과제를 해결해야 했다. 그날따라 달도 없는 그믐이고 날이 흐려 별빛도 보이지 않았다. 머리에 랜턴을 달고 앞 사람 뒤만 따르며 오르고 또 올랐다. 1m 걸을 때마다 자동차 10대가 판매되었다고 생각하며 걸었다. 한 걸음 한 걸음이 자동차 사업을 키워준다는 생각을 하며 걸었다.

한 시간 정도 산행을 하니 모두 헉헉대기 시작했다. 의외로 등산 경험이 없는 사원들이 많았다. 생전 처음 산에 온 간부들도 많았다. 제대로 등산화도 신지 않고 운동화로 온 사원들도 있었다. 여기저기 신음 소리가 났다.

교육은 강하게, 진행은 감동적으로

그래도 야간 산행의 여세를 몰아 노고단에 올랐다. 빨리 오르면 2시간에 오를 수 있는 거리인데 3~4시간 걸렸다. 노고단 정상에 올랐을 때는 아침 해가 떠오르고 있었다. 거기서 교육팀이 특별히 준비한 뜨거운 국밥으로 아침을 먹었다. 도시락이 아닌 즉석에서 바로 지어낸 뜨거운 쌀밥과 고깃국이었다. 엉금엉금 기어 올라온 사원들도 뜨거운 국에 해장을 하자 금세 다시 생기가 돌았다. 식사 후 간단한 과제를 해결한 후 남원으로 출발했다.

남원으로 향하는 하산 길이 더 어려웠다. 하산 길은 바위산이었다. 지리산을 내려다보는 경치는 너무 아름다웠고 멋진 갈대밭을 지나기도 했으나 경치를 볼 새가 없었다. 바위 길을 내리 걷자 등산화를 신지 않은 사원들은 모두 발이 부르트고 터졌다. 중간에 주저앉아 일어나지 못하는 사원들도 많았다. 다리를 설뚝절뚝 저는 사원들도 있었다. 동료들이 두 명씩 붙어서 업고 오다시피 부축해 오는 팀도 있었다. 해외 주재원들로 구성된 해외 사업팀이 가장 고생을 했다. 해외에서 차만 타고 다녀 국내파보다 다리가 약했다. 그러나 단 한 명의 낙오자도 없이 전원 24km를 정복했다. 주저앉은 사원이 있으면 동료들이 부축해 들어왔다.

교육 진행팀은 정말 감동적으로 깜짝 놀라게 해주었다. 깜깜한 밤 야간산행에 지쳐 떨어질 때면 포스트에 따끈한 커피와

차를 내놓았다. 바위산을 오르고 내리느라 지쳐 쓰러질 때면 시원한 꿀배가 나왔다. 그것도 아이스박스에 담아 냉장한 시원한 배였다. 산 속에서 냉장한 배를 먹어 본 사람은 아마 삼성자동차 영업팀 말고는 없을 것이다. 오후 배가 쓰릴 때면 통닭이 나왔다. 그냥 닭이 아니라 보온 기구에 담긴 따끈따끈한 통닭이었다. 그야말로 '교육은 강하게, 진행은 감동적으로'를 제대로 보여주었다.

밤에는 지리산 기슭 야영장에 불을 피우고 바비큐 파티를 했다. 막걸리를 돌리고 앰프에선 음악이 흘렀다. 절뚝거리며 부축을 받았던 친구들이 어느 틈에 살아났는지 노래를 부르고 뛰기 시작했다. 근처에 여관방을 몇 개 잡아놓았지만 잠을 잔 사람은 하나도 없었다. 밤새 노래 부르고 이야기를 나누었다. 부상자가 많았던 팀의 단합이 더욱 잘 되었다. 서로 부축하고 끌고 오는 동안 정이 살아난 것이다. 1박 3일 교육이 무박 3일 교육이 되었다. 몸으로 부딪치는 교육이 마음에 더욱 강한 흔적을 남긴다.

함께 눈물 흘리는
감수성 훈련

여러 가지 교육 중에서 1970년대 초 제일제당 판매의 감수성 훈련은 특히 인상에 남는 교육이다.

삼성그룹에서는 우는 교육이라고 소문도 났었다. 실제로 교육 마지막 날에는 대표이사 이하 전 간부가 부둥켜안고 엉엉 울었다. 신기하게도 울고 나자 마음속에 가득 차 있던 찌꺼기가 쓸려 내려간 것 같은 느낌이 들었다. 어떤 계기로 그런 분위기가 만들어졌는지는 모른다. 아무튼 교육 결과는 매우 좋았다. 마음을 터놓고 이야기를 나누었고, 더욱이 남자로서 눈물이라는 치부를 함께 보여주었다는 유대감 때문인지 임원 간부 간의 팀워크는 더욱 탄탄해졌다.

그 후도 어려운 일이나 의견 충돌이 있을 때는 "ST 한번 합시다"는 말이 자연스럽게 나왔다. ST는 감수성 훈련(Sensitivity Training)의 영어 약자다.

감수성 훈련은 새로운 자기를 찾아내는 훈련이자 숨겨져 있던 자기를 솔직하게 들어내는 훈련이다. 다른 사람을 통해 참된 자기를 보게 되고 서로가 보여주기 싫은 자기 모습을 보여주는 인간관계 훈련이다. 명확한 교육 훈련 테마가 있는 것도 아니다. 일종의 명상 과정을 거치며 자기 생각을 많이 하게 한다. 다른 사람 속에서 자기를 발견하게도 한다. 자기와 다른 사람의 공감대를 넓혀 가는 훈련인 것이다.

솔직한 말이 무섭다

감수성 훈련은 교육 기관, 종교 단체에서 시작된 것인데 기업체로 파급되었다. 이 훈련은 상대방에 대한 솔직한 피드백이 핵심이다. 솔직한 느낌을 자연스럽게 말하게 되어 있다. 상대방에게 솔직히 느낌을 이야기한다는 것은 정말 어렵다. 처음에는 말이 나오지 않았다. 한 시간, 두 시간 아무 말도 하지 않고 지나기도 했다. 아무도 입을 떼지 않았다. 매일 회사에서 일을 놓고 다투는 사람들이 둥그렇게 얼굴을 마주보고 앉아서 아무 이야기도 않고 한두 시간 보낸다는 것은 고역이었다.

그러나 말을 하지 않는 것이 아니었다. 머릿속으로 마음속으로 자기와 꾸준히 대화를 했다. 바쁘게 움직이느라 한 번도 보지 못했던 자기를 보는 것이다. 가족들 생각도 나고, 자기 인생에 대한 생각도 났다. 교육을 진행하는 리더도 있고 헬퍼도 여러 명 있는데 아무도 먼저 말을 꺼내지 않았다.

드디어 성질 급한 사람이 먼저 이야기를 꺼냈다. 그러자 기다렸다는 듯이 여기저기서 말이 나왔다. 먼저 이야기한 사람에게 화제가 집중됐다. 솔직하게 이야기하니 말이 비수처럼 날카롭게 박혀 왔다. 지금 여기서 느낌만 말하게 되어 있는데 자연히 평상시 느낌도 함께 담겨져 나왔다. 폭풍이 몰아치듯 말의 폭풍이 몰아쳤다. 솔직한 것은 무서운 것이다. 때로는 헬퍼가 더욱 신랄하게 말을 거들었다. 교육 그만두고 가겠다는 사람이 안 나온 것이 신기할 정도였다.

시간 차이만 있을 뿐 돌아가면서 한 번씩은 당하게 되어 있다. 자기가 보는 자기의 모습과 다른 사람이 보는 자기의 모습은 정말 차이가 컸다. 윗사람일수록 피드백은 더욱 거셌다. 평상시 맺힌 이야기가 자연스럽게 터져 나왔다. 윗사람은 크게 충격을 받은 모습이었다. 얼굴도 벌겋게 달아오르고 이런 이야기가 나올 줄은 정말 몰랐다는 표정이었다. 말문이 트기 어렵지 한번 이야기를 시작하면 걷잡을 수 없다. 식사 시간이 되어도 끝날 줄 몰랐다.

신입사원을 갓 넘긴 나도 교육 진행자였지만 함께 참여했다. 누구보다 신랄하게 피드백을 했다. 특히 간부들은 교육이 끝난 후 사석에서 나의 말이 너무 아팠다고 이야기할 정도였다.

자신을 허물어야 상대를 이해할 수 있다

그러나 그러한 모든 것을 허물이나 오해 없이 수용할 수 있는 분위기였다. 물론 간부들이 자기 마음에 있는 모든 것을 그대로 쏟아 놓은 데는 당시 제일제당 판매의 대표이사였던 최관식 상무의 인간적 리더십이 큰 역할을 했다. 감수성 훈련의 좌장인 최 대표가 먼저 무너지고 본인의 있는 그대로를 까발렸다. 듣기 어려운 모든 이야기를 그대로 수용했다.

중간 중간 마음의 그림 그리기, 눈 가리고 마당 거닐기 등 체험 행사가 있었으나 핵심은 계속 이야기 하고 상대방에게 피드백을 해주는 것이었다. 자기 자신을 감추려하면 집요하게 공격했다. 오히려 자기 자신을 허물고 모든 것을 드러내면 마음으로부터 위로를 해주었다.

4박 5일 동안 계속된 대화 모임의 마지막 날은 감격의 날이었다. 마지막 소감을 발표하는 순간 눈물을 터뜨렸다. 남자의 눈물은 값지다고 하는데 한번 터지니 한없이 터졌다. 부모가 죽은 것도 나라가 망한 것도 아닌데 한 시간 이상을 울었던 것 같다. 같이 울고 나니 교육을 함께 받은 회사의 간부들이 마치 친형제 같이, 피붙이 같이 느껴졌다.

미원과 치열한 경쟁을 벌이고 있었고, 여기저기 다른 조직이 모여 단합이 중요했던 제일제당 판매 입장에서는 꼭 필요한 교육이었다. 리더 입장에서는 이러한 교육을 하겠다고 결정하기가 쉬운 교육은 아니었다. 당시 제일제당 판매의 조직 규모가 크지 않았기 때문에 더욱 효과적이었다.

　함께 눈물을 흘릴 수 있는 조직이라면 강한 조직, 미래가 있는 조직이다.

8

마누라, 자식 빼고 다 바꿔보자

경영 혁신 이야기

이건희 회장 신경영 교육 중 가장 인상 깊었던 것은 변화론이다. "극단적으로 이야기해서 마누라와 자식만 빼 놓고 모든 것을 다 비꿔보자. 좋은 방향으로 일류가 되기 위한 방향으로." "시간이 없다. 우리의 목표는 명확하다. 초일류가 되는 것이다. 일류가 되지 않으면 망한다. 제2의 이완용이 되겠는가?" 아직도 이 회장의 목소리가 생생하다. 이 회장의 변화론은 명확하다. 우선 나부터 바꿔야 한다. 나의 변화를 통한 다른 사람의 변화다. 국가가 잘되기를 바란다면 나부터 바뀌어야 한다. 회사를 예로 든다면 내가 바뀌면 내가 속한 과가 바뀌고, 내 과가 바뀌면 내 부가 바뀌고, 내 부가 바뀌면 내 사업부가 바뀌고, 내 사업부가 바뀌면 회사가 바뀐다. 회사가 바뀌면 삼성그룹이 바뀌고 삼성그룹이 바뀌면 우리나라가 바뀐다고 했다. 실제로 삼성 신경영 이후 우리나라 기업은 많이 달라졌다. 삼성전자만 일류 기업이 된 것이 아니라 많은 세계일류 기업이 탄생 했다. 꼭 삼성 신경영 영향이라고 단정적으로 말할 수는 없으나 공기업이나 공공 기관도 많이 달라졌다. 국제 사회에서 한국의 위상도 많이 달라졌다. 이건희 회장은 '신경영' 이란 상품을 성공적으로 런칭한 훌륭한 마케터다.

당신이 만들면 다릅니다

삼성 이미지를 바꾼
고객만족경영

삼성 신경영 후 삼성그룹에서 삼성소비자문화원이란 조직을 운영한 적이 있다. 삼성 신경영 실천전략의 하나인 그룹 차원의 고객만족경영을 추진하기 위한 조직이다. 외환위기로 국가 전체가 위기에 봉착하면서 이 조직이 3년 밖에 유지되지 못한 것이 아쉽다. 나는 2대이자 마지막 소비자문화원장이었다.

삼성소비자문화원의 역할은 그룹 차원의 고객만족경영과 품질관리였다. 세계 1등 제품 개발을 목표로 품질 지표를 설정하고, 세계 1등 제품과 품질을 비교 관리했다. 지금은 세계 1등 제품이 30여 개 나왔고 반도체, 휴대전화, 조선, 카메라 등이 세계적 상품으로 각광받고 있지만 당시는 상상도 못할 때다.

지금 삼성은 모든 사업 분야에서 제품의 품질뿐 아니라 서비스도 뛰어난 것으로 평가받고 있는데 그 기초는 신경영 이후 만들어진 것이다.

삼성의 서비스 혁명

전 그룹사의 사업 단위별로 고객만족도를 평가해 업적에 반영했다. 한때는 사장이나 회사 업적 평가 점수의 30%를 고객만족도가 차지한 적도 있었다. 때로는 고객을 상대하는 사업장을 암행 감사해 질적 서비스를 평가하기도 했다. '삼성병원의 서비스가 나빠졌다는 소문이 있다. 조사 보고하라' 는 회장 지시가 내려온 적도 있었다. 병원을 이용한 고객의 만족도를 조사하고, 야간에 응급실을 방문해 활동 현황도 조사했다. 타사 병원과 비교도 했다. 나도 야간에 직접 서울 시내 여러 병원의 응급실을 방문해 분위기를 파악했다.

이러한 조사 결과는 병원장 이하 전 간부가 참석한 자리에서 프레젠테이션하고 개선 대책을 요구했다. 이러한 노력이 쌓여 고객만족도 1위의 삼성병원이 탄생한 것이다.

삼성병원만이 아니라 제일모직, 삼성물산, 삼성전자, 삼성생명, 삼성화재, 삼성카메라 등 고객을 직접 상대하는 회사도 많이 조사했다. 매장의 접객 서비스도 조사하고, 콜센터의 고객 응대 태도도 조사해 그룹사에 피드백했다. 조사 결과는 매주 열리는 그룹 사장단 회의에 직접 보고되었기 때문에 담당자들은 매우 힘들어했다. 그렇지만 소비자보호원과 민간 소비자보호단체에서는 삼성그룹의 이러한 소비자보호 활동을 매우 높게 평가했다.

고객만족가 높은 조직이 성과도 높다

고객만족경영은 단기적으로는 비용 증가도 있었지만, 고객의 신뢰도를 높여 탄탄한 사업 기반을 구축하게 해주었다. 특히 삼성의 브랜드 가치를 높이고 그룹 전체의 시너지 효과를 올리는데 결정적 기여를 했다.

하지만 IMF 외환위기 직전 그룹 경영의 여러 곳에서 적신호가 왔다. 난파 직전의 배에서 짐을 바다에 버리듯 빨리 구조조정하지 않으면 안 되는 상황이었다. 제일 먼저 그룹 조직이 정비되면서 삼성소비자문화원도 자연스럽게 해체되었다.

내가 삼성소비자문화원을 맡았을 때는 이미 이러한 분위기가 시작될 때였다. 자연히 소비자문화원의 존폐론도 거론되었다. 고객만족경영에 대한 비용 축소도 불가피했다. 그래서 이때는 고객만족경영이 기업의 수익성 측면에서도 결코 마이너스가 아니고 플러스라는 것을 입증하기 위해 노력했다. 미국의 TAPS(Technical Assistance Research Programs, 고객서비스가 경영에 미치는 영향을 계량화하는 연구) 자료를 활용해 고객만족이 경영에 미치는 영향을 그룹에 홍보하기도 했다.

삼성생명의 영업소 자료를 활용해 고객만족과 조직의 영업

성과와의 상관관계를 증명하기도 했다. 고객만족도가 높은 조직이 영업성과도 높았다. 종업원 만족도와 고객만족도, 영업성과와의 관계도 연구했다. 종업원 만족도가 높으면 6개월 후 고객 만족도가 높아지고, 6개월 후 영업실적이 올라간다는 결과를 내놓기도 했다.

이러한 과제는 주로 서울대학교에서 소비자학을 전공한 조은정 박사(현 삼성전자 글로벌마케팅 연구소장)가 맹렬히 연구했다.

삼성소비자문화원은 3년이라는 짧은 기간 동안 존속했으나 고객만족경영이 삼성그룹에 미친 영향은 엄청났다. 삼성그룹의 이미지가 좋아진 것도 신경영 이후다. 삼성이 하면 무엇인가 다르다는 이야기도 이때부터 나오기 시작했다. 그 이전까지는 삼성이 하면 일은 똑 부러지게 잘 하지만 정이 가지 않는 회사라는 이야기도 많았다. 제조나 품질은 좋지만 서비스와는 거리가 있었다. 이러한 이미지가 개선된 것이 고객만족경영을 내세운 신경영의 결과다. 기업 이미지를 바꾸는 가장 확실하고 빠른 방법은 고객 서비스를 혁신하는 것이다.

나는
이건희 회장 팬

　삼성을 떠난 지 5년이 넘었고 제일제당을 떠난 지 15년이 넘었는데도 삼성이나 제일제당 이야기만 나오면 가슴이 쿵쾅댄다. 이건희 회장이 재판정에서 삼성전자 이야기를 하며 울먹였다는 보도가 나왔을 때는 저절로 눈물이 흘렀다. 삼성그룹 비서실 근무라야 1년 남짓하고 이미 16년이 지났는데도 이건희 회장 이야기만 나오면 친지들은 나에게 물어본다. 그러면 신이 나게 이야기한다.

　나는 이건희 회장 팬이다. 나는 아주 짧은 기간 회장 비서실에서 경영팀장으로 근무했다. 제일제당, 제일모직, 삼성카메라(현 삼성테크윈), 삼성시계의 경영관리를 담당했다. 국내영업 출신이 비서실팀장으로 발탁된 것은 내가 처음이었다.

약 14개월 근무하는 동안 내가 한 일은 이건희 회장의 교육을 받는 것이 전부였다. 이 회장이 참석하는 비서실팀장 회의, 사장 회의, 신경영 교육 등 참석한 회수가 40회 정도 된다. 기간은 짧았지만 어느 때보다 이 회장과 비서실팀장의 접촉이 활발했던 시기다. 특히 삼성을 획기적으로 변화시킨 신경영 교육의 스타트 시점이어서 더욱 의미가 깊다.

그러다 나는 신경영 교육 중 작은 실수를 하는 바람에 신경영 교육의 마지막 부분은 이 회장을 수행하지 못했다. 제일제당이 삼성그룹에서 분리를 선언한 직후였고 제일제당으로 돌아가기로 확정되어 있었던 때라 마음이 해이해진 탓이었다.

350시간 동안 공부한 신경영 철학

이때 받은 벌이 3개월 동안 삼성인력개발원에 들어가 이건희 회장 강의 테이프를 듣는 것이었다. 하루에 8시간씩 정말 열심히 들었다. 덕분에 이건희 회장 경영철학은 누구보다 많이 공부했다. 노트에 메모해 가며 입시준비를 할 때보다 열심히 공부했다. 약 350시간 동안 강의한 내용을 모두 들었다. 어떤 테이프는 10번 이상 들은 것도 있다. 지금도 중요한 변화가 있거나 마음이 흔들릴 때는 삼성 신경영 책을 본다.

3개월 특별교육은 인생에서 가장 소중한 시간이었다. 처음으로 삼성그룹 직원이 아닌 나 자신을 볼 수 있었다. 이건희 회장 강의 테이프를 듣는데 제일 먼저 생각나는 것은 가족이었다. 가족에게 너무 소홀했다는 생각이 들었다. 또 자기 자신에 대해 생각하게 되었다. 자신을 잊고 살았다는 것이었다.

후에 삼성자동차 영업을 맡아 다시 이건희 회장에게 직접 보고할 기회가 있었다. 갑작스런 호출이라 마무리가 안 된 자료를 들고 올라갔다. 종전에는 회장 앞에 가면 떨려서 말이 제대로 나오지 않았는데 이때는 자연스럽게 말이 나왔다. 무섭지도 않았다.

변화와 혁신을 온몸으로 체험하라

1993년 6월 시작된 삼성 신경영 교육은 엄청난 파장을 일으켰다. 독일 프랑크푸르트를 시작으로 영국 런던, 일본 도쿄, 오사카를 이어가며 삼성그룹의 전 임원을 외국에 모아 교육했다. 우선 많은 임원을 외국에서 교육한다는 것이 파격적이었다. 그때만 해도 해외출장 자체가 혜택이었던 시기다. 처음 해외출장을 온 임원도 많았다. 임원이 그 정도니 일반사원은 오죽했을까.

이 회장은 변화, 혁신을 이런 식으로 느끼게 해주었다. 교육도 한 번으로 끝난 것이 아니라 어떤 임원은 1~2주일씩 교육을 받았다. 이 회장은 교육뿐 아니라 그 나라의 문화재, 건축물, 도시 개발, 물류 항구, 공장 등 선진 인프라 구조도 견학시켰다. 글로벌화를 몸으로 느끼게 해준 것이다.

사람들은 이건희 회장의 말솜씨에 깜짝 놀랐다. 신경영 교육 전까지 이 회장은 말을 못하는 것으로 알려져 있었다. 매스컴에도 거의 나오지 않았기 때문이다. 이 회장의 교육은 보통 밤 10시나 11시에 시작되었다. 강의가 시작되면 2~3시간 계속되었다. 특별한 원고도 없이 제목만 몇 개 가지고 이야기를 시작하는데 끝이 없었다. 18년 이상 마음에 담았던 생각이 터져 나온 것이다. 중간 중간 건너뛰며 핵심 단어만 이야기하고 독특한 비유를 들었다. 사고의 폭이 넓고 발상이 특이했다. 많은 새로운 단어가 탄생했다.

역사, 문화, 교양, 스포츠, 경제, 교육, 기술 등 다양한 주제를 경영과 국가 발전과 연결시켰다. 삼성그룹 각사 경영에 대한 평가도 신랄하게 했다. 삼성전자는 암 2기, 삼성중공업은 영양실조, 삼성건설은 영양실조에 당뇨병, 삼성종합화학은 선천성 기형아라고 평했다. 그러나 경영자를 잘 키우면 살릴 수 있다고 했다. 이런 기업들이 지금 세계 일류가 되었다.

삼성의 기존 관행을 철저히 파괴했다. 삼성맨 하면 보수적이고 관리 지향적으로 알려져 있었는데 이것을 와르르 무너뜨렸다. 국내 일류가 아닌 세계 일류로 목표를 정한 것도 이때였다.

이건희 회장의 교육은 보통 새벽 1시, 2시에 끝났다. 교육이 끝나고 방에 들어와 샤워를 하고 나면 사장들과 비서실 팀장들은 다시 소집되었다. 이 회장 방에 모여 2~3시간 또 교육을 받았다. 새벽까지 밤을 꼬박 세운 교육이었다. 이 회장은 목숨을 걸고 혁신을 한다고 했다. 그러한 열기가 강의에서 느껴졌다. 교육은 물론 사장과의 대화, 팀장 회의도 모두 녹음을 했다. 녹음 내용을 복사해 그룹 임원들에게 돌렸다. 이러한 교육을 3개월 동안 지속했다.

이 회장은 자신이 18년 동안 생각해왔던 것을 일시에 터트렸다. 글로벌 시대를 느끼게 하기 위해 전 임원을 해외로 소집했고, 야간에 교육을 시켰다. 회사 인프라를 개혁하고, 하루아침에 출퇴근 7·4제를 실시하고, 회사의 핵심 임원인 관리임원을 6개월 동안 장기연수를 시키기도 하고, 여성인력을 적극적으로 활용하는 등의 모든 일을 동시에 추진했다. 새로 태어나려면 충격적 변화가 필요했다. 이건희 회장이야말로 '경영혁신'을 '깜짝 놀라게 마케팅' 한 훌륭한 마케터다.

5%가 바뀌면
전체가 바뀐다

삼성 신경영 교육에서 이건희 회장이 강조했던 변화론은 명확하다.

우선 나부터 바뀌어야 한다. 나의 변화를 통한 다른 사람의 변화다. 나의 변화를 통한 조직의 변화다. 나의 변화를 통한 사회의 변화다.

변화는 쉬운 것부터 해야 한다는 것이다. 어려운 것을 바꾸려 하면 힘이 든다. 마음을 비우고 변화를 결심하는 것도 좋지만 중요한 것은 행동이다. 그러므로 너무 큰 변화를 이루려고 욕심내지 말아야 한다. 예를 들어 하루 8시간 자는 사람은 한 시간 덜 자겠다는 변화 목표만으로도 충분하다. 살이 많이 쪄

비만인 사람은 한 끼 덜 먹는 목표, 매일 반신욕만 꾸준히 하겠다는 목표, 하루 10분 어학 공부 목표도 좋다. 일기를 써도 좋다. 그렇게 할 수 있는 것부터 해야 한다는 것이다.

작은 것을 바꾸면 큰 것도 바뀐다

변화 목표를 정했으면 하루도 빼 놓지 않고 꾸준히 해야 한다. 1년 365일 하루도 빠지면 안 된다. 쉬운 것부터 시작하되 철저히 해야 한다. 만약 중간에 쉬거나 포기하면 영영 변할 수 없다. 하지만 한 가지를 철저히 해서 변화시키면 다른 모든 것이 달라진다.

변화는 자율적으로 해야 한다.

변화는 자기 자신과의 약속이다. 약속을 지키지 못한다면 죽어 버리겠다는 배짱이 있어야 바뀐다. 자신과의 약속을 못 지킨 것이 훨씬 더 죄악이고 창피하고 울화통이 터져야 한다. 사실 히나씩 하나씩보면 그렇게 어려운 것이 아니다. 꾸준히 노력하는 것이 어렵다. 매일 매일 조금씩 변해야 한다. 뒤를 돌아보면 절대 안 된다. 끊임없이 앞으로 나가야 한다. 변화는 절대 남이 해주지 않는다. 스스로가 바뀌어야 한다.

변화는 윗사람부터 해야 한다.

제일 먼저 회장이 바뀌어야 한다. 그 다음 사장이 바뀌고, 임원이 바뀌어야 한다. 이어서 간부가 바뀌면 사원이 바뀐다. 변화는 말로 하는 것이 아니라 행동으로 보여 주어야 한다. 행동

으로 보여주면 변화한다는 말이 필요 없다. 그러므로 남의 눈
치 볼 필요도 없다. 남이 안 하더라도 나는 한번 해보자는 배짱
이 있어야 한다. 바다 속의 조개가 시끄러우면 쏙 들어가 뚜껑
을 닫아 버린다. 그 무거운 뚜껑을 왜 닫고 있는가? 이제 껍질
을 깨고 밖으로 나와 보자.

하루도 쉬지 마라

조직은 5%가 먼저 바뀌면 전체가 변한다.

웬만한 조직은 10%의 사람이 이끌어 간다. 그렇다고 나머지
사람들이 아무 일도 안 하는 것이 아니다. 나름대로 그 역할이
있다. 집에 식구들이 여럿 있다면 집안 살림을 하는 사람도 있
고, 공부하는 아이들도 있다. 모두 꼭 필요한 소중한 가족들이
다. 그러나 돈을 벌어 오는 사람은 가장 한 사람인 경우가 대부
분이다. 조직의 기본 원리다. 가장이 바뀌면 집안 전체 분위기
가 바뀐다.

실제로 이 회장은 많은 변화를 시도했다.

출근 시간을 7시로 바꾸고 퇴근을 4시로 하는 기발한 발상을
했다. 처음에는 일찍 퇴근하라고 해도 하지 않았다. 오후 4시
반이 되면 강제 퇴근을 시키고 비서실에서 퇴근 감사까지 했
다. 그러자 꼭 야근이 필요한 사람은 퇴근했다가 몰래 다시 들
어와 근무하느라 비서실 직원들과 숨바꼭질 하는 진풍경이 벌
어지기도 했다. 현재 삼성의 많은 사장들이 석사 학위를 갖고

있는데 대부분 이 때 대학원을 다녔다.

삼성의 가장 핵심 인력인 관리담당 임원을 모두 모아 6개월 장기 교육 과정에 집어넣기도 했다. '뒷다리 잡는 사람, 오그라진 생각'을 한다고 강하게 질책을 했다. 이 과정을 거친 많은 임원이 사장으로 발탁 되었다.

고객만족경영을 강조하고, 양보다 질 위주의 경영 체질 개선을 주도했다. 연구 개발은 과거부터 각별한 관심을 기울여 왔지만, 여성 인력의 활용을 강조하고, 디자인의 중요성을 강조했다. 특히, 우리나라 미래 자원은 여성이라고 했다.

또한 장기적 안목의 글로벌 인재 양성을 독려했다. 사원을 장기간 세계 각국에 파견해 자율 연수를 시키는 지역 전문가 제도를 도입했다. 임원의 해외출장 시에도 업무만 보는 것이 아니라 하루 이틀 문화를 보고 오도록 했다. 과거 같으면 놀러 다니는 것 같아 상상도 못했던 일이다. 복합화 이론도 도입했다. 최근 통섭이란 신학분 분야가 각광을 받고 있는데 이 회장의 복합화 이론도 이와 비슷하다.

기업의 사회봉사 활동, 문화 활동 사회적 책임도 강조했다. 일정 금액을 넘는 돈은 개인 돈이 아니라는 이야기를 자주 강조했다. 최근 삼성의 상속 문제, 차명 자산 문제로 빛이 바랬지만 신경영 이후 삼성이 사회, 문화, 체육, 교육 등 사회에 기여한 금액을 계산하면 엄청날 것이다.

변화는 쉬운 것부터 시작해 꾸준히 해야 한다는 것, 내가 먼저 변하면 다른 사람이 변하고 조직이 변하고 더 큰 무엇인가가 변한다는 것 등 이건희 회장의 변화론은 간단하지만 깊이 있었다. 그리고 바로 삼성이 그 변화의 과정, 변화의 결과를 우리 사회에 한눈에 보여주었다. 문제는 하루도 쉬지 않고 끈질기게 행동하는 것이다.

시킬 줄 알고 가르칠 줄 알고
평가할 줄 알아야 한다

이건희 회장은 회사 출근을 잘 안 한다.

주로 비서실장이나 비서팀장을 통해 집에서 보고를 받는다. 본인이 회사에 매일 출근하면 비서실에서 일을 못할 것이라고 했다. 이 회장의 지시 사항은 항상 근본적인 것을 파고들기 때문에 어렵다. 그 당시로서는 불가능하다고 생각되는 것을 주문하기도하고 언뜻 듣기에는 현실감이 없는 지시도 한다. 핵심적인 단어만 말하기 때문에 알아듣기도 어렵다. 이 회장의 말을 알아들으려면 긍정적인 생각과 창의적 상상력이 있어야 한다. 무엇보다 그의 경영 철학을 알고 있어야 한다. 이 회장은 솔직하다. 아니 직선적이다.

비서실팀장 발령을 받고 이 회장에게 인사를 간 날은 밤이었다. 저녁 식사를 미리하고 설렘과 두려움을 갖고 한남동으로 갔다. 함께 발령을 받은 3명의 팀장과 비서실장, 차장이 함께 갔다. 그때 이 회장의 집은 생각보다 작았다. 인사를 드린 곳은 10명 정도가 앉을 수 있는 응접실이었다.

간단한 소개가 끝난 후 이 회장의 말이 이어졌다. 신임 팀장들에 대한 교육이다. 말소리도 작고 느릿느릿 띄엄띄엄 선문답하듯 말하기 때문에 말뜻을 알 것 같기도 하고 모를 것 같기도 했다. 용어도 회사 용어나 경영 용어를 쓰는 것이 아니라 인문학적 용어를 많이 썼다.

머리로 아는 것은 아는 것이 아니다

첫 인사를 드리던 날 이 회장으로부터 직접 설명을 듣고 지금까지 마음에 새겨두고 있는 것이 '안다'는 것의 의미다.

그의 설명에 따르면 책을 읽거나 공부를 해서 지식으로 아는 것은 제대로 아는 것이 아니다. 그것은 아는 것의 첫 번째 항목인 머리로 아는 것이다. '知(알 지)'를 의미한다. 학교에서 배워서 아는 것, 강의를 들어서 아는 것, 남이 하는 것을 보고 아는 것, 신문을 보고 아는 것, 친구들 이야기를 듣고 아는 것, 모두 지(知)다. 그것만으로 아는 체를 한다. 이 회장은 그것은 아는 것이 아니라고 했다.

자동차 운전에 비유하면 운전 학원에서 이론 교육을 받은 것과 같다. 간단한 자동차 구조를 배우고 시동 걸고 액셀러레이터를 밟고 핸들을 좌우로 돌리는 교육을 받았다고 운전을 안다고 이야기할 수는 없는 것과 같다.

아는 것의 두 번째 항목은 실제로 할 줄 아는 것이다. '行(다닐 행)'을 말한다. 머리로는 아는데 할 줄은 모르는 사람들이 많다. 말로 하면 잘 하는데 실제 해보라면 못한다. 다른 사람이 하는 것을 보고는 이렇고 저렇고 말이 많은데 실제 해보라고 맡기면 엉망이다. 우리 사회에는 입으로만 할 줄 아는 사람들이 너무 많다. 이론 교육에 합격해도 운전을 못하는 것과 같은 이치다. 실습 교육을 받고 운전면허 시험에 합격했는데도 바로 운전을 할 수 없다. 실제로 운전을 해 가며 도로 연수를 해야 한다. 그렇게 해도 서투르다. 1년은 초보 운전 표시를 달고 다녀야 한다. 머리로 아는 것과 실제 할 줄 아는 것은 크게 차이가 있다.

세 번째는 시킬 줄 아는 것이다. '用(쓸 용)'을 의미한다.

특히 관리자나 임원은 자기 혼자서 일하는 것이 아니기 때문에 시킬 줄 알아야 한다. 다른 사람을 통해서 일을 할 줄 알아야 한다. 실제로 자기는 잘하는데 시킬 줄 모르는 관리자가 많다. 실무자가 관리자로 승진한 후 제대로 역량을 발휘하지 못하는 것은 시키는 방법을 모르기 때문이다. 반대로 실무자 때는 별로 두각을 나타내지 못했는데 관리자가 되고 나서 더 뛰어난 능력을 발휘하는 사람이 있다. 그럴 때 누군가는 실력보다 운이 좋다고 말하지만 사실은 시키는 방법을 아는 사람이다. 다른 사람을 제대로 쓸 줄 아는 것이 제대로 아는 것이다.

네 번째는 교육시킬 줄 알아야 한다. '訓(가르칠 훈)'을 말한다.

자기가 아는 것과 가르치는 능력은 다르다. 가르칠 줄 알아야 시킬 줄도 알게 된다. 가르치려면 제대로 알아야 한다. 일의 핵심을 파악하고 있어야 한다. 가르치는 사람이 더 많이 공부한다. 가르치려면 상대방을 알아야 한다. 그래야 그 수준에 맞게 준비를 한다. 사람마다 역량이 다르기 때문에 눈높이를 맞추는 것이 어렵다. 가르치는 것은 자기가 직접 하는 것 보다 훨씬 어렵다. 잘 가르칠 수 있는 사람은 훌륭한 관리자다.

다섯 번째는 평가할 줄 알아야 한다. '評(평가할 평)'을 말한다.

다른 사람이 한 일을 보고 정확히 평가할 줄 알아야 한다. 이 회장은 평가하는 일이 매우 중요하면서도 어렵다고 강조했다. 삼성 임원들도 평가가 약하다고 했다. 제대로 알지 못하면 제대로 평가도 못한다. 평가를 해 보면 자기가 제대로 알고 있는지 제대로 교육했는지 제대로 일을 시켰는지도 알 수 있다.

안다는 것의 의미 '지행용훈평(知行用訓評)'의 예에서 보듯 이 회장의 사고의 폭이나 발상은 방법이 다르다. 당장 무엇을 해야 하는지 딱 부러지게 손에 잡히지는 않지만 무엇인가 무거운 과제를 던져 준다. 하나를 알더라도 일을 제대로 완벽히 알라는 것이다. 하나를 하더라도 일을 제대로 완벽히 하라는 것이다.

내가 비서실 재직할 당시 대통령 신년사가 발표되었다. 이건희 회장은 이것을 녹화해 놓고 열 번, 스무 번 보라고 이야기했다. 그러면 느낌이 올 것이라고 했다. 대통령의 의지가 담긴 단어와 의례적인 단어와 느낌이 다를 것이라고 하며 여러 번 보면 누구나 느낌을 알아챌 수 있다고 했다. 신년사의 내용만 아니라 대통령의 생각, 마음을 느낄 수 있어야 한다고 강조했다. 어떤 일이든 지행용훈평을 실천하려 노력했다. 그런 일들이 쌓여 초일류 삼성이 만들어진 것이다.

혁신에 몸살을
앓고 있는 대학

삼성에서 교육이 부전공이었던 것이 전공으로 바뀌어 성균관대학교에서 학교 행정에 참여할 기회가 있었다. 가까이서 들여다보니 대학들도 혁신에 몸살을 앓고 있었다. 얼마 전 KAIST에서 교수들을 재임용 탈락시켜 화제가 되었다. 이제, 교수들이 편안하던 시기는 지나갔다. 시간차가 있겠지만 거의 모든 대학이 교수 재임용 심사를 엄격히 할 것이다. 그러나 미국과 같이 재임용에 탈락한 교수라도 다른 대학에서 아무 선입견 없이 받아주는 문화가 함께 생겨나야 그런 제도가 정착할 수 있다. 성균관대학교도 이런 혁신에 앞장서고 있는 대학이다. 그러나 기업과 비교해 보면 너무 속도가 느렸다.

사실 학교 경영은 매우 어렵다.

우선 노력한 성과가 바로 보이지 않고 측정이 어렵다. 〈중앙일보〉에서 대학 평가를 하거나 대학교육협의회에서 학문분야별 평가를 하지만 이견이 많다. 측정 항목도 많고 관점에 따라 기준이 달라 그것이 학교나 학과의 질을 반영한다고 단정적으로 이야기하기도 어렵다. 사람의 동기부여에 가장 도움이 되는 인센티브제나 성과급제를 도입하기도 어렵다.

또 성과가 나타나기까지 시간이 너무 오래 걸린다. 학생들이 입학해 졸업하기까지는 남자의 경우 대학 4년에 군대 3년, 어학연수, 휴학 등 1년 정도가 더 추가돼 약 8년이 걸린다. 새로운 교육 정책을 도입해 성과를 보기까지 짧게 잡아도 10년이다. 총장 임기 4년, 보직 교수 임기 2년인데 10년 앞을 내다본 정책을 세워 성과를 내기까지가 힘이 들 수밖에 없다.

연구 결과도 마찬가지다. 이공계는 SCI, 사회계는 SSCI에 등재된 세계적 지널에 발표되어야 실력으로 인정받는다. 그런데 어떤 저널은 논문이 통과되고도 게재되는 데 2년 이상 걸리는 경우도 있다. 연구 테마를 잡고 연구하고 결과를 발표해 공인받기까지 최소 4, 5년은 걸리는 것이다. 그래서 대학은 1년 단위의 단기 평가가 어렵다.

대학은 의사결정과정이 복잡하다. 교수들은 개인 사업가와 비슷하다. 한 분 한 분이 기업이다. 학과, 학부, 대학은 개인 사업가가 모인 연방 정부 비슷하다. 이들의 여론을 모아야 일이 된다. 학교에는 학생, 교수, 교직원, 동창회로 대표되는 4개의 큰 이해 집단이 있다. 이들의 목표와 이해관계가 다르기 때문에 이를 조정해 하나로 묶어가는 것이 힘들다. 그뿐 아니라 이사장, 총장, 부총장 등의 직접 조직 외에 동창회장, 교수협의회장, 학생회장, 교직원 노조 위원장, 강사 노조 등 조직이 많다. 원로 교수, 원로 동창들의 영향력도 만만치 않다. 그래서 학교에서는 학과를 만드는 것은 쉬운데 통폐합은 상당한 시련을 각오해야 한다. 학교 행정은 정치력도 중요하다는 걸 보여주는 단적인 모습이다.

브랜드 후광 효과가 발전을 가로막는다

여러 가지 이유로 학교는 전략 개념을 도입하기 어렵다. 전략적 선택보다는 형평성이 중요해 선택과 집중이 어려운 것이 학교 행정이다. 문제해결보다는 문제 지적 전문가들이 많고 경영 전문가는 없다. 보직은 돌아가며 맡고 아마추어들이 경영을 하므로 항상 똑같은 시행착오를 되풀이한다.

그러면서도 꾸준히 투자해야 하는 것이 학교다. 성과는 보이지 않는데 사람에 대한 투자, 시설에 대한 투자, 연구 개발에 대한 투자를 끊임없이 해야 한다. 성과가 보이지 않기 때문에 어떻게 설명하느냐가 중요하다.

특히 학교는 브랜드가 너무 큰 영향을 미친다. 학교라는 브랜드, 학과라는 브랜드가 개인을 평가하는 데 너무 큰 영향을 미친다. 학생들만 아니라 교수에게도 브랜드가 중요하다. 〈중앙일보〉 대학평가에도 평판도라는 항목이 있다. 그런데 평판도를 빼고 평가해보면 일반 사람들이 생각하는 대학의 서열과 객관적 대학 평가 서열이 맞지 않는다. 평판도라는 항목을 넣어야 그럴듯하다. 평판도가 낮은 학교는 2중, 3중의 핸디캡을 갖고 출발하는 것이다. 사실 평판도는 현재의 자질 능력과 상관없는 항목이다. 평판도는 미래의 능력에 영향을 미치는 요소도 아니다.

성균관대학교도 이 평판도의 장벽을 뚫기 위해 무척 애를 쓰고 있는 학교다. 삼성은 모든 분야 1등이 목표고 세계 일류 기업을 지향한다. 학교도 세계 일류를 목표로 해야 그룹의 관심을 끌 수 있다. 그러나 목표 설정도 어렵고 목표 추진도 어려웠다. 제일 먼저 '성균관대 2010년 세계 100대 명문대 진입'이라는 목표를 세웠다. 그랬더니 그 후 많은 대학이 유사한 목표를 설정했다.

세계적인 컨설팅 회사에 의뢰해 자연과학 캠퍼스의 장기 발전 전략을 짰다. 인문사회계는 더욱 복잡해 한국 실정을 잘 아는 삼성경제연구소에 의뢰했다. 미국의 명문 MIT와 제휴해 글로벌 MBA를 도입했다. 많은 비용을 지불하고 MIT의 커리큘럼을 들여오고 교수법을 배우고, 유능한 외국 교수들을 데려왔고 외국 학생들을 유치했다. 이후 비슷한 MBA가 여기저기서 생겼다. 여기서도 실내용보다는 브랜드력이 영향을 미쳤다. 결국 또 하나의 하향평준화 사례가 만들어지고 있다.

교육은 마케팅과 가장 밀접한 영역이다. 그런데 마케팅을 잘 활용해야할 교육계가 마케팅이 가장 낙후되어 있다. 기업이 학교보다 앞서고 있다는 것은 안타까운 일이다. 기업의 미래가 사원교육에 달렸다면 대한민국의 미래는 대학에 달렸다.

문화를
경영하라

　삼성 생활을 마치고 (주)코리아나 화장품에서 CEO로 일하면서 여러 가지 새로운 마케팅을 배웠다.

　첫 번째는 화장품 마케팅의 역동성이다.

　화장품 마케팅은 매우 어렵다. 복잡하고 다양하고 변화무쌍하다. 거의 매일 많은 신제품이 시장에 쏟아져 나오고 그보다 더 많은 제품이 시장에서 죽어 나간다. 불황이라고 아우성치는 속에서도 매년 히트상품이 나온다. 이름도 없던 회사가 갑자기 혜성처럼 등장하기도하고 잘 나가던 상품이 전혀 예상치 못한 벼락을 맞고 사라지기도 한다. 규모로는 전혀 비교가 안 되는 대기업과 영세 중소기업이 치고받고 싸우기도 한다.

틈새에서 전략을 찾아라

두 번째는 화장품처럼 시장 세분화가 복잡한 상품은 없다는 점이다.

성별, 나이, 소득, 직업, 지역 등 일반적인 시장 세분화 기준은 물론 계절, 밤·낮, 실내·실외, 화장 목적, 화장 습관에 따라서도 시장은 다르다. 피부 특색, 피부 부위에 따라서도 세분화 된다. 구매처, 구매 습관, 부가 서비스, 유통에 따라서도 시장은 달라지고 사용 원료, 첨가물에 따라서도 시장을 구분한다. 화장품 종류가 많을 수밖에 없다. 하지만 모두 그 나름대로 특색을 갖고 있다. 이 속에서 히트상품을 만들어내야 한다. 그래서 대부분의 화장품 마케팅은 니치 마케팅(niche marketing, 틈새전략)이다.

마지막으로 제품이 복잡한 만큼 화장품 유통도 다양하다.

화장품 전문점이라고 부르는 소매점, 백화점, 면세점, 슈퍼마켓, 마트 모두 화장품의 주요 유통경로다. 전문점은 브랜드숍이라 불리는 프랜차이즈 체인이 소매유통을 뒤흔들어 놓았다. 메이커 계열도 있고 유통 전문 체인도 있다. 화장품 유통은 방문 판매도 발달되어 있는데 회사가 직영하는 직판, 대리점 체제의 방판, 인적 네트워크 판매인 다단계 판매 모두 활발하다. 홈쇼핑, 인터넷, 통신판매 등 무점포 판매 유통에서도 화장품이 인기 품목이다. 뿐만 아니라 약국, 피부과 병원, 피부 관리실에서도 판매한다. 물론 선물용품 가게에서도 판매한다.

5년, 15년 고비를 넘어서야 성장한다

신기하게도 마케팅 전문가보다 아마추어가 마케팅을 더 잘한다.

히트상품은 대기업에서 나오는 것이 아니라 이름 없는 중소기업에서 더 많이 나온다. 초저가 화장품으로 돌풍을 일으킨 화장품 브랜드 체인은 세제 회사 연구원이 만든 것이다. 황토팩은 연예인 출신 사업가가 히트시킨 제품이다. BB 크림도 이름 없는 중소기업을 중견기업으로 만들어 준 화장품이다. 홈쇼핑에서 메이크업 돌풍을 일으키고 있는 조성아의 루나도 메이크업 아티스트가 개발한 상품이다.

그렇다고 한번 히트했다고 화장품 사업이 성공하는 것은 아니다.

개인적인 견해로는 화장품 사업의 첫 고비는 5년이라고 생각한다. 5년 이내에 성공 경험을 가진 상품, 회사는 많다. 성공을 5년 이상 지속하는 것은 어렵다. 매스컴을 화려하게 장식한 히트상품을 만든 성공 기업도 5년을 못 넘기면 사양화의 길로 접어든다. 성공의 두 번째 고비는 15년이라고 생각한다. 15년을 넘기면 어느 정도 이름 있는 화장품 회사라 할 수 있다. 그러나 세 번째, 네 번째 고비가 기다리고 있다. 그런 점에서 화장품 산업은 마케팅의 꽃이다.

문화 경영 CEO

코리아나에서 두 번째로 놀란 것은 문화를 경영한다는 점이다. 코리아나 화장품은 대기업이 아닌데도 문화에 투자하고있다.

삼성의 '리움미술관'이나 '호암 아트홀'에 비할 바는 아니지만 코리아나에는 '스페이스 씨(space C)'와 '화장품 박물관'이 있다. 천안에는 화장품 식물원도 있다.

코리아나 창업주 유상옥 회장은 55세에 월급쟁이 사장을 그만두고 회사를 창업했다. 돈도, 기술도, 제품도, 거래처도 없었다. 가진 것이 있다면 열정뿐이었다. 그 열정으로 창업 5년 만에 업계 3위의 회사를 만들었다.

어려운 여건 속에서도 초창기부터 연구개발 기능을 강화했고 뷰티 아카데미, 뷰티 센터 등 서비스를 강화하는 전략을 썼다. 경영이념, 장기 비전, 5대 사풍, 코리아나의 인재상 등 조직의 개념도 분명히 세웠고 특히 최근 여러 대기업에서 내세우고 있는 정도경영 원칙을 초창기부터 확립했다. 다만 경영을 시스템화하지 못하고, 정보 시스템에 대한 투자를 소홀히 한 것은 아쉽다.

유 회장은 동아제약 기획실장 시절부터 시작해 40년 이상 유물과 미술품을 모으고 있다. 점심시간에 전철을 타고 인사동에 가서 그림 구경하는 것이 취미였다고 한다. 처음에는 제약회사 직원답게 약방에서 쓰는 저울, 약장 등을 모으다가 차츰 여성 관련용품을 모으기 시작했고 라미 화장품 경영을 맡으면서 화장 관련용품을 본격적으로 모았다. 직장 생활을 하면서 적은 월급을 쪼개서 사 모으느라 보너스를 집에 가져간 적이 없다고 한다. 지금은 그림이나 유물을 사는 사람들이 많지만 1970년대에 어떻게 그런 발상을 했는지 놀랍다.

서초동 코리아나 건물 앞에는 대형 립스틱이 있다. 높이가 1미터가 넘는 프랑스 작가의 작품이다. 1층에는 400개의 홀로그램으로 구성된 독일의 젊은 작가 뮌의 작품을 비롯, 유명 작가의 그림이 여러 점 전시되어 있다. 2층에는 조선시대 여성들이 쓰던 화장용구 장신구가 전시되어 있다. 작은 화장품 박물관이다. 물론 천안의 연구소에도 화장 문화 박물관이 있다.

현재 코리아나 박물관이 소장한 유물, 그림, 조각 등이 6,500여 점이나 된다. 그중에는 국가 문화재로 지정된 보물도 있다. 화장과 관련된 유물로는 삼국시대 토기, 청동거울부터 고려, 조선시대 여성들이 쓰던 청자·백자 화장품 용기, 각종 머리빗, 비녀, 경대, 기름병, 노리개, 바늘, 실패, 자 등 다양하다. 옛 여성들이 입던 옷도 있고 결혼 예복도 있다. 최근에는 미술품 수집에 더 많이 투자하고 있다. 유 회장은 수입의 대부분을 미술품, 유물에 투자하고 있다. 유물 투자를 통해 사회에 기여한다는 생각을 실천하고 있다.

한편, 강남 신사동에는 '스페이스 씨(SPACE C)'라는 이름의 코리아나 화장 박물관과 코리아나 미술관이 있다. 1층에는 독특한 이미지를 가진 디자인 카페가 있는데 커피도 팔고 음료수도 팔지만 카페 전체가 하나의 작품이다.

스페이스 씨는 미술, 음악, 영상, 문학 등 모든 문화예술이 함께 어울릴 수 있는 공간이다. 공간을 의미하는 '스페이스(SPACE)'와 함께 '씨(C)'는 코리아나(COREANA), 화장품(COSMETICS), 문화(CULTURE) 등을 상징한다. 우리나라에서 가장 많은 화장 관련 유물을 보유하고 있고 여성 관련 유물 작품도 많다. 오픈한지 얼마 안 되었는데도 스페이스 씨의 전시는 개성이 뚜렷하고 실험정신이 강해 문화계의 주목을 받고 있다. 코리아나 관련 뉴스도 박물관이나 미술관과 관련된 뉴스가 가장 많다. 자연스럽게 코리아나의 비즈니스를 한 차원 높여주고 있는 것이다

코리아나는 이러한 박물관이나 미술관을 통해 새로운 문화 실험을 하고 있다. 우리나라의 전통 화장문화와 화장품 사업을 어떻게 연계시키느냐가 과제다. 미래 경영은 문화에서 뿌리를 찾아야 한다.

기본을 강화하는
조용한 혁명

기업에서 가장 많이 쓰는 말 중 하나가 경영혁신이다. 과거를 철저히 파괴하고 새롭게 시스템을 만드는 것이다. 철저히 파괴할수록 더욱 새롭게 건설하기 쉽다. 어떤 경영자는 어려운 기업을 맡아 과감히 구조조정하고 새로운 기업을 탄생시켜 '혁신 전도사'라는 별명으로 불리기도 한다. 조직의 문제점을 샅샅이 들어내고 새로 출발하니 깨끗하고 좋은 방법이다. 어떤 때는 매스컴의 화려한 각광도 받는다.

그러나 나는 '조용한 혁명(Silent Revolution)'이란 말을 좋아한다. 마케팅은 파괴 후 재건설이 아니라 있는 재료를 최대한 활용해 고객의 입맛에 맞는 새로운 음식을 만드

 있는 재료를 새로운 모습으로 재탄생시키는 것이 마케팅이다. 일류 요리사가 재료 한두 가지를 빼거나 더 넣기만 해도, 불 온도를 살짝 조절하기만 해도, 간장으로 간 맞추는 것을 소금으로 바꾸기만 해도 맛이 확 달라지는 것과 같은 이치다. 크게 요란 떨지도 않고 무리한 것을 부탁하지도 않았는데 어느 순간 돌아보니 확 달라져 있는 조직을 만드는 것이 '조용한 혁명'이다.

시스템으로 조직 체질을 바꿔라

'조용한 혁명'은 전통을 부인하지 않는다. 뿌리가 있는 조직이라면, 제대로 임자만 만나면 소중하게 쓰일 재료들이 널려 있다. 전통 속에서 혁신의 소재를 찾아내고 전통을 더 강화하는 것이 진짜 혁신이다.

'조용한 혁명'은 기존 인력을 포용한다. 전임자를 욕하지 않는다. 미래의 관점으로 보면 문제가 없는 조직은 없고 문제가 없는 관리자도 없다. 새로운 조직을 인수해 기존 인력을 포용한 조직은 성공하고, 조급한 혁신을 시도한 조직은 실패할 가능성이 높다.

'조용한 혁명'은 기본을 강화하는 것이다. 당장 눈에 보이는 성과보다 기본 하부조직을 재정비 하는 데 중점을 둔다. 신축보다 더 힘든 아파트의 리모델링과 같다. 경영관리 시스템, 인력관리 시스템, 정보 시스템, 물류 시스템 등의 기본 조직에 장기 비전, 새로운 기업 문화를 접목시키면 된다.

'조용한 혁명'은 장기 목표에 초점을 둔다. 결국은 조직의 체질이 바뀌고 시스템화 되어야 지속적인 성과를 낼 수 있다. 체질은 경험을 통해서 바뀌고 시스템을 운영하는 노하우는 시행착오를 통해 터득된다.

'조용한 혁명'은 답답하고 인내심이 필요하다. 당장 성과가 나타나지 않아 일하는 것 같지도 않다. 말은 맞는데 효과는 미지수라 많은 사람들이 중도에 포기하거나 하다가 만다. 그러나 강한 확신을 갖고 기다리면 기다릴수록, 시간이 지나면 지날수록 큰 성과가 나타난다. 조직에 힘이 생긴다. 같은 사람인데 사람이 달라져 있다. 시작은 조용하게 했는데 어느 순간 돌아보니 확 달라져 있다. '조용한 혁명'은 조직의 문화를 바꾸는 거대한 혁명이다.

■ 20명만 만나면 정답이 나온다

■ 70%룰로 설득 콤플렉스를 극복하라

■ 떠나고 나서 잘 되는 조직을 만들어라

■ 강의의 배수진을 쳐라

■ 메일로 조직의 팬을 확보하라

9

나를 마케팅하라
셀프 마케팅 이야기

나는 행운아다.

마케팅이라는 용어조차 생소하던 시기에 마케팅 업무를 맡아 회사 일을 하면서 자연스럽게 마케팅 공부를 했다. 공부만 한 것이 아니라 실습도 공짜로 했다. 배운 것, 하고 싶은 것, 아이디어가 떠오르는 것은 모두 실습할 수 있었다. 그것도 회사 돈으로 칭찬받으며 실습했다.

내가 근무한 시기는 우리나라 최고의 고도 성장기였기에 마음껏 기량을 펼칠 수 있었다. 그렇게 신나게 마케팅이란 한 분야에서 40년 가까이 일하는 동안 업무에도 나만의 규칙을 만들었다. 후배들에 대한 교육용이기도 하고 자기 관리용이기도 하다. 경험으로 터득한 또 하나의 마케팅, 자기 관리 마케팅이다.

당신이 만들면 다릅니다

20명만 만나면
답이 나온다

마케팅의 모든 것은 시장에 있다. 마케터에게 제일 중요한 업무는 소비자를 만나는 일이고 소비자를 만나면 모든 문제가 해결된다. 그러나 실제는 잘 만나지 않는다. 바쁘다는 것은 핑계 일뿐 소비자를 만나는 것이 습관화되지 않았기 때문이다. 소비자는 곳곳에 있다. 일부러 찾아가지 않아도 생활 주변에서 수시로 부딪친다. 자투리 시간을 활용해도 된다. 그러나 습관화되지 않으면 소비자를 만나는 것이 어색하고 만나도 이야기를 잘 풀어가지 못한다. 마케팅을 배우는 초기에 고객을 만나는 습관을 익혀야 한다. 그 시기를 놓치면 평생 소비자를 두려워하며 쉬운 길을 어렵게 가게 된다.

마케팅에서 크리에이티브(creative)는 생명이다. 하지만 마케팅은 예술 작품이 아니므로 크리에이티브가 크리에이티브로 끝나면 안 된다. 소비자가 편하게 받아들이는 크리에이티브라야 한다. 기본적으로 마케터 자신이 크리에이티브를 가져야 하지만 더욱 중요한 것은 크리에이티브를 끌어내는 능력, 크리에이티브를 발굴하고 수집하는 능력이다. 그러려면 마케터는 주변에 크리에이티브 뱅크를 많이 갖고 있어야 한다. 광고 회사, 판촉 회사, 조사 회사, 디자인 회사, 매스컴 관계자들 모두가 크리에이티브 뱅크다. 또 업계의 마케팅 관련자들, 대학 교수들, 선배, 후배 모두가 크리에이티브 뱅크다. 이들과 접촉하면서 부지런히 아이디어를 끌어 모아야 한다. 그들 중 가장 훌륭한 크리에이티브 뱅크는 소비자들과 유통업계 종사자들이다.

제품, 포장, 광고, 판촉, 유통 등 모든 마케팅 아이디어는 소비자 속에 숨어 있다. 그것을 찾아내면 된다. 물론 마케터들은 잘 안다. 소비자를 만나면 문제를 찾아낼 수 있고 해답을 얻을 수 있다는 것을 잘 안다. 그러면서도 잘 안 만난다.

소비자를 만나는 습관이 가장 핵심적인 마케팅 기술

그래서 나는 후배들을 교육할 때 소비자 20명만 만나면 모든 내용을 파악할 수 있다고 강조했다. 20명이란 숫자는 이론적 근거가 있는 것이 아니라 순전히 내가 경험에서 터득한 감이다. 소비자를 직접 만날 것을 강조한 숫자이다. 소비자 20명을 만나는 마케터는 분명 훌륭한 마케터다. 다른 것을 확인해 보지 않아도 성공적인 마케팅을 하고 있을 것이다.

소비자 심층 면접 조사를 할 때 보통 8명씩 4그룹 정도를 인터뷰한다. 이 분들은 목적에 따라 할당해 모은 집단이다. 통계적 의미는 없지만 이 분들을 대상으로 간단한 정량 조사를 하고 집단 토의에 들어간다. 어떻게 보면 겨우 32명을 대상으로 한 정량 조사는 전혀 의미 없어 보이기도 한다. 그런데 놀랍게도 여기서 나온 결론이나, 600명을 대상으로 면접 조사해 나온 결론이나 거의 일치 하는 경우를 여러 번 보았다.

이렇게 봤을 때 마케터가 직접 만나는 20명이란 결코 작은 숫자가 아니다. 마케터는 감각이 있는 사람이므로 20명을 만나면 분명한 해답을 찾을 수 있다. 대부분 회사에서 소비자 의견이 어떻고, 시장 반응이 어떻고 이야기를 많이 하지만 20명도 만나 보지 않고 이야기 하는 경우가 대부분이다.

또 하나 내 나름대으로 만든 기준이 있다. 전혀 모르는 사업이나 일이라도 전문가 5명만 만나서 이야기를 들으면 70% 개념 파악이 가능하다는 것이다. 전문가는 여러 사람의 경험을 모아서 갖고 있는 사람이다. 여기에 소비자 20명의 의견을 플러스하면 90% 수준의 보고서를 만들 수 있다. 어느 정도 전략은 된다. 물론 100% 가까이 채우려면 핵심 전문가가 함께 해야 한다. 전문 경험이 있는 사람도 필요하다. 전문적인 조사나 연구도 필요하다. 그러나 현실에서는 80% 수준도 안 되는 마케팅 보고서가 난무한다. 대부분 전문가 5명, 소비자 20명의 의견도 듣지 않고 전략을 짜고 있다. 그들은 마케팅을 하고 있는 것이 아니라 꿈만 꾸고 있는 것이다.

답답하면 소비자에게 가라

과장 시절에 이런 일이 있었다. 내가 주관하고 진행하는 영업 교육을 부산에서 하려고 영업 간부들을 모두 모았다. 토요일에 교육이라 목요일까지 열심히 준비하고 금요일에 서울에서 출발하기로 했다. 그런데 갑자기 목요일 오후에 대표이사가 체인스토어 사업 가능성에 대한 의견을 월요일까지 달라는 지시를 내렸다. 화요일에 관련 회의가 있다는 것이다. 체인 스토어는 전혀 생소한 분야였다. 막막했고 시간도 촉박했다.

둘 중 어느 것도 피할 수 없었다. 급히 아는 분들에게 연락해 금요일 미팅 약속을 잡고 기차표는 밤 열차로 바꿨다. 황급히 체인스토어 경영자, 마케팅 연구원 관계자, 백화점 기획실 간부 등 전문가 4명을 만났다. 그분들께 조언을 듣고 몇 가지 자료도 구했다. 밤 열차를 타고 가면서 자료를 읽어보니 어느정도 윤곽이 들어 왔다. 새벽에 부산에 내려 교육장 근처 여관에 들어가 자료를 정리했다. 그리고 토요일 영업 교육은 계획대로 진행했다. 그렇게 서울과 부산을 오고가며 보고서를 썼다. 계속 밤을 샜지만 젊을 때라 견딜만 했다. 예정대로 월요일에 보고서를 올렸고 잘 파악했다는 칭찬도 들었다. 어설프지만 전문가 4명을 만나고 과제를 해결한 것이다.

　전문가 5명을 만나고 소비자 20명을 만나는 것은 결코 쉬운 일이 아니다. 아무나 할 수 있는 일이 아니다. 그러나 습관이되면 자동으로 된다. 처음 5명을 만나 이야기 나누는 것이 가장 어렵다. 가장 쑥스럽고 시간도 많이 걸린다. 그러나 5명만 돌파하면 그 다음부터는 쉬워진다. 자연스럽게 대화하는 기술도 생기고 이야기하는 재미도 느껴진다. 여유 있게 의도한 대로 대화를 이끌어갈 수 있다. 만나면 만날수록 중복되는 내용이 많아 면담 시간도 짧아진다. 중요한 것은 그렇게 소비자와 이야기하다보면 꽉 막혔던 머리가 뚫리고 아이디어가 떠오른다는 것이다. 문제점도 보이고 개선안도 잡힌다. 히트 아이디어가 번뜩번뜩 머리를 스치고 지나간다. 어떤 대화보다 소비자와의 대화는 영향력이 크고 오래 간다. 집에 가서도 생각나고 회의할 때도 생각난다. 비슷한 주제의 이야기가 오가면 반드시 떠오른나.

　20명을 만나면 마케팅에 눈을 뜬다. 소비자의 생각이 보인다. 소비자의 마음이 느껴진다. 답답하면 소비자를 만나라.

70% 룰로 설득 콤플렉스를 극복하라

조직 생활은 설득의 연속이다. 혼자가 아니라 모두 함께 하기 때문에 의견이 맞아야 한다. 훌륭한 제안도 설득이 부족해 채택이 안 되는 경우도 많다. 혼자서 애달파해 봐야 소용없다. 그것이 조직이다.

사원 때는 과장만 되면 무슨 일이나 다 할 수 있을 것 같았다. 과장이 되어 보니 그렇지 않았다. 과장, 부장 때는 임원만 되면 무슨 일이나 다 할 수 있을 것 같았지만 임원이 되니 자기 마음대로 할 수 있는 일이 하나도 없었다. 임원 때는 사장만 되면 무엇이나 할 수 있을 것 같았다. 그러나 사장이 되니 아래 사람 설득하는 것이 윗사람 설득하는 것 보다 몇 배 어렵다는 것을 알게 됐다.

젊은 시절에는 왕고집 소리도 들었다. 일은 해야 하고 설득력이 부족하니 어쩔 수 없었다. 그래도 이해심 많은 상사들 덕분에 마음껏 일할 수 있었다. 회사에 기여한 것 보다는 배운 것이 더 많은 것 같아 감사할 뿐이다. 그렇게 직장 생활의 연차가 쌓이고 직위가 올라갈수록 오히려 고집은 약해졌다. 조직과 적절히 타협하는 기술이 생긴 것이다.

조직 생활에서 의견이 딱 맞는 경우는 거의 없다. 큰 줄거리는 의견이 맞더라도 작은 의견이 다른 경우도 많다. 상사와 관계는 물론 부하와 관계, 수평적 협력자와 관계도 그렇다. 차라리 큰 의견이 다른 경우는 논리적 근거를 찾아 충분히 토론하거나 방향을 수정하면 되니까 오히려 풀어가기 쉽다. 그러나 부분적인 것, 작은 것을 갖고 고집하는 상사를 만나면 골치 아프다. 어떤 때는 아주 사소한 것, 우습게 여긴 작은 요소가 전체를 망치기노 한다.

의견이 70%만 같아도 OK

이러한 과정을 거치면서 내 나름대로 합리화시킨 것이 '조직 생활의 70%룰(rule)'이다. 상사의 의견과 70% 정도 일치하면 일단 긍정적으로 받아들인다. 받아들이기는 하되 한 번 정도 의견을 이야기한다. 한 번 이야기 했는데도 그 의견을 주장한다면 상사의 의견을 수용하면서 해결책을 찾는다. 내

의견이 틀리고 상사 의견이 맞을 수도 있다. 실제로 그런 경우가 많았다. 설사 내 의견이 더 맞고 상사 의견이 미흡하다 해도 완벽하지는 않지만 90% 이상 수준의 성과는 만들어낼 수 있다. 큰 줄거리는 의견이 같기 때문이다.

상사 의견과 50% 정도만 일치하면 두 번 이상 이야기한다. 비교적 강하게 의견을 이야기한다. 특히 두 번째 이야기할 때는 미리 다른 사람들의 의견도 듣고 여러 가지 깊이 생각해본 뒤 강도 높게 의견을 말한다. 공식 석상이 아닌 단 둘의 자리에서 강하게 이야기하기도 한다.

50%이상 상사와 의견이 다를 경우에는 일단 실행을 보류하고 설득한다. 좋지 않은 결과가 예상되는 경우다. 섭섭한 소리 들어도 할 수 없다. 때로는 자리를 걸어야 할 때도 있다.

70%룰은 상사와 관계만이 아니라 부하 직원과의 관계에서 똑같이 성립된다. 밑에서 제안하는 사항이 70% 정도 의견이 맞으면 '오케이' 한다. '오케이' 하면서 한 마디쯤 조언을 해준다. 상사한테 이야기할 때보다 부하 직원에게 이야기할 때 더욱 깊이 생각하고 조심해야 한다. 조언을 잘 해석해서 더 잘 만드는 친구도 있고, 조언을 상사의 지시로 생각하고 무조건 따르는 친구도 있으므로 직원의 성향을 고려해 말해야 한다.

50% 정도만 의견이 같을 때는 강하게 이야기한다. 어떤 때는 일차 반려시키기도 한다. 이럴 경우 대부분 상사의 의견을 따른다. 이 때 조심해야 할 점은 상사의 잘못된 판단으로 창의

적인 아이디어를 죽일 수도 있는 점이다. 상사가 미처 젊은 감
각을 못 따라가고 낡아 빠진 자기 취향만 고집할 수도 있다. 그
렇기에 거절을 하더라도 부하 직원과 충분한 대화를 해야 한
다. 의견을 충실히 듣고 납득이 가도록 설명을 하면서 서로 이
해하려는 노력을 해야 한다.

부결한 결정도 부하직원이 강력히 주장하면 OK

그렇게 상사가 강하게 이야기 했는데도 나중에 다시 들고 와
서 그래도 추진하겠다고 주장하면 무조건 '오케이'다. 그만큼
자신 있으니까 위에서 반대하는 데도 추진하려고 하는 것이다.
상사가 모르는 무언가가 있는 것이다. 상사가 반대하는 것을
추진하니까 더욱 무거운 책임을 느끼고 전력투구를 한다. 포기
할 뻔 했던 일을 살려서 추진하니까 더욱 신이 나 성공할 가능
성도 높다. 설사 실패한다 하더라도 그만큼 용기 있고 도전적
인 부하 직원을 발견한 것이니 가치가 있다. 가끔 정말로 이런
부하 직원들이 있다. 때로는 기대하지 않았던 하위 직급에서
나오는 경우도 있다. 이때는 귀한 보석을 발견한 것처럼 반갑
다. 경영은 사람을 키우는 일이란 말을 실감하며 경영자로서
보람을 느낀다.

50% 이상 의견이 다를 때는 상사로서 직권을 발휘해 보류시
킨다. 그만큼 확실한 판단이 서는 경우다. 서류를 올렸다면 의
견을 묻지 않고 부결 의견을 달아내려 보낸다. 이때도 한번쯤

부하 직원이 다시 찾아와 자기 의견을 이야기해주기 바라지만 그런 경우는 드물다. 본인도 자신 없는 계획을 추진하겠다고 들고 오는 경우도 있다.

일상사의 대부분은 70%의 범위 안에 든다. 같은 환경을 공유하고 있기 때문에 비슷한 사고를 한다. 오히려 다른 의견이 많이 나오는 조직이 창의적인 조직이고 살아 있는 조직이다. 좋은 상사라면 누구나 소신 있는 의견을 들고 찾아오는 부하를 기다린다. 그 부하와 70% 룰에 입각해 치열한 설득전을 펼치는 그 즐거운 대화 시간을 기다린다.

떠나고 나서 잘 되는
조직을 만들어라

영업담당 임원을 할 때 판매 지점을 방문하면 꼭 나오는 세 가지 이야기가 있다.

"전임사가 잘못 했다."

"자기 지역이 제일 어렵다."

"자기가 제일 열심히 한다"

영업에서 농담 삼아 하는 말이지만 거꾸로 생각하면 영업 관리자는 절대 이 세 가지 이야기는 해서 안 된다는 뜨끔한 경구이기도 하다. 세 가지 이야기를 듣고부터 지방을 방문할 때마다 영업 관리자들이 하는 말을 귀 담아 들어 보았다. 그랬더니 정말로 표현 방법은 조금씩 차이가 있지만 크게 보면 이 세 가지 말 중 하나는 반드시 나왔다.

이 이야기를 듣고 어느 때부터 인가 떠난 다음에 더 잘되는 조직을 만들어야겠다고 생각했다. 떠난 다음에 더 생각나는 관리자, 미래를 위해 레일을 까는 경영자가 되어야겠다는 다짐을 했다.

삼성자동차에서도 레일을 까는데 주력했다.

새로운 이미지의 영업소, 애프터서비스와 영업을 일치시키는 일, 자동차 카드를 주축으로 한 DB 마케팅, 중고차 중시 전략 등 모두 레일을 까는 일이었다. 기존 자동차 업계와 차별화했고 모든 활동을 한 단계 업그레이드시켰다. 삼성이 새로운 사업 분야에 진출해 해야 하는 일은 단순히 그 사업만 잘 하는 것이 아니라, 그 업계의 수준을 한 단계 끌어 올리는 역할을 해야 한다고 생각했다. 자동차 영업의 새로운 모델을 만들려 노력했다.

삼성전자서비스에서도 고객만족 평가시스템의 도입, 홈닥터 시스템, 서비스의 전략 상품화, 100억이 넘는 정보 시스템 투자 등 레일을 까는 데 주력했다. '사람에 의존한 서비스를 시스템에 의해 돌아가는 서비스'로 바꾸는 것이 목표였다. 입사 일 년차의 평범한 사원이 서비스를 하더라도 결과는 10년 경력의 전문 기술자가 수리한 것이나 같은 결과가 나오도록 하는 것이 목표였다. 그것을 가능하게 하는 것이 정보 시스템이다. 그래서 정보 시스템에 과감한 투자를 했다.

가장 경영 실적이 부진했던 것은 코리아나 화장품이었다.

이 정도쯤이야 하고 가볍게 생각하고 달려들었는데 힘들었다. 우리나라 중소기업이 대부분 그러하듯 시스템에 의해 돌아가는 조직이 아니라 사람에 의해 돌아가는 조직이었다. 거기서도 역시 재직 기간 내내 시스템을 만드는 데 주력했다. ERP를 비롯한 내부 관리 시스템, 인터넷을 베이스로 한 영업 관리 시스템, 70개 창고를 하나로 통합한 물류 관리 시스템, 인력 관리 시스템, 의사 결정 시스템을 만드는 것 역시 레일을 까는 작업이었다.

코리아나에서 이루고 싶은 나의 꿈은 역시 떠난 다음에 더 잘되는 조직을 만드는 것이다. 내가 깐 레일 위를 힘차게 달리는 기업으로 성장하는 것을 보고 싶다.

강의의
배수진을 쳐라

아무리 회사일이 바쁘더라도 책을 많이 읽으려고 노력한다. 한 달에 5~10권 책을 읽는다. 정확히 말하면 5~10권 책을 사는 것이 맞다. 사실 산 책을 다 읽지 못하는 경우도 많다. 중간에 읽다 마는 경우도 있고 어떤 책은 몇 달에 걸쳐 읽는 경우도 있다. 주로 아마존에서 산 외국 책 가운데 읽지 않은 책이 많다. 아주 심한 경우는 산 책을 또 산다. 베스트셀러는 장르를 구분하지 않고 사 본다. 마케팅실장을 맡았을 때는 세일즈 프로모션 관련 책은 무조건 샀다. 최근에는 세일즈 관련 신간은 반드시 체크한다.

나의 독서 방법은 무조건 많이 사는 데서 시작한다.

돈을 주고 사면 읽게 된다. 그래서 무조건 책은 자기 돈을 주고 사라고 한다. 그래야 더 잘 읽는다. 자기가 목표로 하는 분야가 있으면 그 분야의 책을 모두 사라. 비용이 얼마 안 든다. 특별한 분야가 아니라면 가전제품 하나 살 돈이면 다 살 수 있다. 투자를 했으니까 읽게 된다.

책 선택은 주로 신문 서평을 참조한다. 책 광고도 많이 본다. 최근에는 매주 월요일을 서점 가는 날로 정해 운동 삼아 서점에 들러 꼼꼼히 책을 살펴본다. 서점에 들르면 책을 한두 권 사게 되지만 대개는 인터넷으로 산다. 가격 할인도 되고 집으로 배송되어 편하다. 외국의 신간 서적도 바로 살 수 있어 좋다.

나를 키운 건 8할이 책이다

나는 한 권 다 읽고 다음 책을 읽는 것이 아니라 3~4권의 책을 동시에 읽는다. 세일즈 책과 미술책과 소설책을 동시에 읽는다. 거실에서는 소설책을, 화장실에서는 마케팅 책을, 자동차 안에서는 교양서적을, 회사에서는 세일즈 책을 본다. 장르 구분 없이 책을 읽어 독서에 관한한 잡식성이다. 사실 이제는 전공이 의미 없어졌다. 다시 인문학이 각광을 받기도 하고 예술적 감각이 경영의 필수 항목이 되고 있다. 오히려 경영학 책은 인기가 없다. 화제가 된 소설도 읽고 때로는 시도 읽는다. 세일즈에 관계하면서 심리학 책도 많이 읽었다. 사진 촬영책도 보고 《신의 물방울》 같은 만화책도 보았다. 《재미 있는 물리 이야기》도 보고, 동물의 초능력에 관한 생물학 책도 본다.

내가 있는 곳에는 곳곳에 책이 있다. 지저분하고 어수선해 보여 아내나 회사 비서가 처음에는 열심히 치우다가 포기해 버렸다. 서재는 물론 거실, 침실, 화장실, 베란다에도 책이 쌓여 있다. 손님 초대로 집안을 깨끗이 청소해도 며칠 지나면 응접 세트나 소파 위에 다시 책이 가득 쌓인다. 자동차 안에도 항상 책이 쌓여 있다. 안 읽는 책도 많은데 가끔씩 이런 게 있었나 하고 꺼내서 다시 읽는다.

책은 밑줄을 그어가며 읽는다. 너무 튀지 않게 연필로 줄을 긋는다. 혹시 나중에 참고하거나 다시 읽으려고 밑줄을 긋기 시작했는데 최근에는 다시 읽는 경우가 드물다.

영업관련 책은 내용을 요약해 판매 관리자들에게 메일로 보낸다. 이 메일을 쓰기 위해서도 열심히 책을 읽는다. 때로는 읽던 책을 선물한다. 주로 영업 관리자들이 사무실을 많이 방문하는데 사무실을 방문하면 책을 선물한다. 무엇인가 주고 싶은데 줄 것이 책 밖에 없기 때문이다. 내가 밑줄 그어가며 읽던 책을 그대로 선물한다.

책의 내용과 함께 내 마음도 함께 읽혀지기를 바랄 뿐이다.

강의가 공부다

책 읽는 것보다 더 좋은 공부는 강의를 하는 것이다. 자기가 특별히 부족한 부분에 관한 강의를 하면 확실히 배울 수 있다.

코리아나 화장품 사장을 그만두고 고문으로 근무하면서 인터넷으로 세일즈 강의를 한 적이 있다. 놀면서 월급받는 것이 미안해 조금이라도 기여할 방안이 없을까 궁리한 끝에 나온 아이디어였다. 10회에 걸쳐 1회에 10~15분씩 동영상 강의를 했다. 강의 반응은 매우 좋았다. 평균 500명 정도가 수강했고 매번 30건 이상의 리플이 달렸다.

강의를 하면서 진짜 공부한 사람은 사실 나였다.

강의를 준비하기 위해 거의 모든 세일즈 책을 섭렵했다. 수강생을 모아 놓고 하는 강의실 강의와 달리 동영상 강의는 계속 기록이 남는 것이기 때문에 소홀히 할 수 없었다. 전임 사장이라는 체면도 있기 때문에 강의의 질도 중요했다. 일반 세일즈 강의와는 달라야 했다. 회사 현실에 맞는 강의를 해야 했다. 바로 써 먹을 수 있고 효과가 나는 강의라야 했다.

보다 실감 나는 강의를 위해 시범 사업장을 정했다. 한 달 전에 미리 시범 사업장에서 강의를 하고, 강의에서 제시된 내용을 실제로 실천에 옮겨 보는 것이다. 시범 강의 결과를 토대로 보완할 것을 찾으려 했다.

세일즈 강의를 하면서는 100권 이상의 세일즈 책을 보았다. 뿐만 아니라 심리학 책도 보고 성공학, 처세술, 커뮤니케이션 책도 보았다. 미용에 관한 프레젠테이션 사례를 만들기 위해서는 피부 생리학부터 시작해 화장에 대한 공부, 화장품에 대한 공부도 새로 했다. 강의할 원고를 미리 만들고 몇 차례에 걸쳐

교정을 보았다. 녹화를 하고 나서도 또 보았다. 가끔은 재녹화를 하기도 했다. 매주 화요일 영상 강의가 오픈하면 제일 먼저 컴퓨터를 켜고 강의를 듣는 사람은 수강생이 아닌 나였다. 어떤 때는 두 번 세 번 다시 듣기도 했다. 매일 댓글을 체크하고 그에 대한 적절한 답변을 해주었다. 댓글 자체가 중요한 교육이기 때문에 답변을 하려면 또 생각하고 공부를 해야 했다. 강의를 하면서 정말 열심히 책을 읽고 글을 쓰고 말을 했다.

제일제당 시절부터 회사를 옮기고 나면 사내 마케팅 대학을 열었다. 공부하는 분위기를 만들기 위해서다. 코리아나 화장품에 처음 부임했을 때도 사내 마케팅 대학을 열었다. 일주일에 한 번 모여서 마케팅에 대한 사례를 발표하고 토론도 하는 모임으로 기본 교재는 일부러 영어 원서를 선택했다. 마케팅 전략 책도 다루고 세일즈 프로모션 책도 소개하고 P&G의 마케팅 사례집도 공부했다. 사원별로 돌아가며 한 챕터씩 발표하고 나면 내용을 요약해주고 코멘트를 해주었다. 마케팅은 물론 경영학을 전공한 사원들도 거의 없는 상태라 모두들 엄청나게 고생했다. 그때도 가장 많이 공부한 사람은 역시 나였다. 처음 부임해 회사 일도 바쁠 때인데 정말 고생했다. 매주 월요일 저녁 마케팅 대학을 했는데 일요일은 쉬는 날이 아니라 꼬박 마케팅 대학 강의 준비하는 날이었다.

독서만으론 부족하다. 자신이 가장 부족하다고 생각되는 부분이 있으면 자청해서 강의를 하라.

메일로 조직의 팬을 확보하라

인터넷이 경영 관리를 바꾸고 있다. 회사에 출근하면 제일 먼저 하는 일이 컴퓨터를 켜는 일이다. 이메일을 확인하기 위해서다. 휴일에 집에서도 한두 번은 회사 홈페이지에 들어가 보고, 휴가나 해외 출장 때도 컴퓨터는 항상 곁에 있다. 이메일로 지시하고 보고 받고, 인터넷 사내 게시판을 통해 공지 사항도 읽고, 참석하지 않은 각종 회의 결과도 알 수 있다.

회사에선 2~3주 동안 얼굴을 한번 못 보는 임원도 있지만 인터넷으로는 많은 대화를 나눈다. 인터넷 영상으로 조회도 하고 교육도 한다. 사원 대상 교육도 가끔 청강할 수 있다. 수시로 실적 파악도 가능하고 고객 클레임도 바로 알 수 있다. 신제품 동향은 물론 일선 영업 사원들의 활동 현황도 알 수 있다. 부지런하기만 하면 영업 사원들이 과장에게 올리는 활동 보고나 영업 정보도 염탐할 수 있다. 어떤 지시를 내리는지 성의 있게 부하 직원을 지원하는지도 알 수 있다.

메일 회신은 받는 즉시 하라

인터넷, 경영정보 시스템이 관리를 변화시켰다. 우선 편해졌다. 직접 만나지 않더라도 상사에게 얼마든지 보고할 수 있고 상사가 바로바로 결정해 주기 때문에 일을 빠르게 진행할 수 있다. 시간을 마음대로 활용할 수 있게 되었다. 바빠도 회사에 늦게까지 있지 않아도 집에서 일할 수 있게 됐고 여러 사람에게 동시에 의견을 전달할 수도 있다. 제일 반가운 것은 상사를 일일이 찾아 다니지 않아도 되므로 상사 공포증이 해결된다는 점이다.

그만큼 일이 많아 졌다. 많은 일을 할 수 있게 됐다. 재량권도 많아졌다. 보고를 많이 하고 빨리 하지만 보고서를 쓰는 시간은 줄어들었다. 인터넷에서 바로 하고 바로 동시에 보내면 된다. 의견을 모으기도 쉽다. 반면에 숨을 곳이 없어졌다. 모든 것이 오픈되어 있어서 일을 했는지 안 했는지 바로 드러난다. 조금만 머뭇거려도 위아래서 채근이 들어온다.

무엇보다 부지런해야 한다. 각종 정보 자료를 읽기에도 시간이 부족하다. 회신 보내는 기회를 놓쳤다가는 나중에 더 힘들어진다. 상대방에게 정보를 주어야 나도 받을 수 있는 법, 도움 되는 정보도 보내 주어야 한다.

인터넷 시대가 되면서 글 쓰는 능력이 중요해 졌다. 말로 하는 커뮤니케이션 보다 글로 하는 커뮤니케이션이 더 많아졌다. 말로 한 보고나 지시와는 또 다르다. 다행히 글씨는 예쁘게 못 써도 된다. 남의 글을 읽을 때는 명확히 개념을 파악하는 것이 중요하다. 반면 내가 글을 쓸 때는 상대방을 정확히 이해시킬 수 있도록 자기 의견을 명확히 표현하는 것이 중요하다. 인터 넷에 쓴 글은 없어지지 않는다. 여러 사람이 본다. 한 번 보고 마는 것이 아니라, 두고 두고 여러 번 볼 때도 있다. 그럴수록 헛소리 하면 안 된다. 정신차리고 명확한 의견을 이야기 해야 한다. 최근 인문학에 다시 관심이 쏠리는 것은 이런 추세와도 관련 있는 것 같다.

그간 화장품 회사 사장을 하면서 인터넷을 요긴하게 활용했 다. 참 많은 글을 썼다. 학창 시절 대학 신문 기자 생활을 하면 서 글을 써 본 것이 이렇게 요긴하게 쓰일 줄은 몰랐다.

사장도 현장에 함께 있는 사람이다

사장 취임 후 일 년 뒤부터 매일 100명의 영업 관리자에게 이메일을 보냈는데 지난 5년 동안 보낸 것이 950통 가까이 된 다. 아침 교육 자료용이다. 내가 근무한 회사는 소비자에게 직 접 판매하는 유통을 갖고 있어 많은 판매원들을 직접 관리했다. 이들을 관리하는 중간 관리자들이 있는데 영업 사원들 교육이 중요 업무이다. 사업국이라 불리는 판매 조직에서 매일 아침 판매사원들에게 교육을 하는데 본사가 지원해 주지만 매일 아침에 활용할 수 있는 신선한 교육 자료 개발이 쉽지 않았다. 그래서 이메일로 교육용 자료를 제공해주기 시작했다.

이 교육 메일은 영업 관리자 모두에게 보내는 것은 아니라 우수 관리자로 상을 받은 관리자들에게만 보냈다. 그러나 한 번 메일을 받기 시작하면 다음에 상을 받지 못하더라도 계속 보내 주었다. 처음에 20여명에서 시작한 대상자가 100명 이상으로 늘었다. 그러자 내 메일을 받기 위해 우수국장에 도전하는 사람도 있고, 개인 사정으로 퇴직하면서 더 이상 메일을 받지 못하는 것을 아쉬워하는 간부들도 많았다.

사장이 보내는 메일은 우수 관리자들에게 프라이드를 갖게 해주고, 당장 도움이 되는 교육 자료를 제공해 준다는 목적도 있었지만 사장도 영업을 함께 하고 있다는 느낌을 갖게 해주고 싶다는 의지가 반영되어 있었다. 영업 관리자와 사장 사이에는 많은 계층이 있다. 흔히 '사장은 먼 사람이다. 행사 때 훈시나 하고 시상이나 하고 사진이나 함께 찍는 사람이다' 라고 생각한다. 이것을 가까이 있는 사람으로 바꾸고 싶었다. 비록 이메일을 통해서 만나지만 매일 만나는 사람으로 만들고 싶었다.

또 사장도 늘 함께하고 있다는 것을 느끼게 하고 싶었다. 영업은 끈기가 중요하다. 같은 일을 매일 매일 꾸준히 해야 한다.

영업의 단 하나 '키워드'를 고르라면 '끈기'다. 나는 이메일로 끈기를 보여주려 했다. 영업사원들이 매일 고객을 방문하듯 나는 매일 이메일을 썼다.

하지만 매일 이메일 교육 자료를 만드는 것은 쉬운 일이 아니었다. 세일즈 관련 신간 서적은 거의 모두 사 보았다. 여성, 미용, 패션, 건강 관련 책도 무조건 샀다. 심리학, 성공학, 커뮤니케이션 관련 책도 열심히 보았다. 신문, 잡지에서도 관련 기사는 스크랩했다. 외국 세일즈 컨설턴트의 인터넷 사이트도 열심히 방문했다. 모두 이메일 교육 자료를 얻기 위해서다. 덤으로 나는 꾸준히 책을 읽을 수 있는 부수입이 생겼다. 매일 보내는 이메일 교육 자료와는 별도로 매월 한 번씩 '사장 메시지'라는 제목의 글을 올렸다. 이것은 전 사원이 볼 수 있는 글이었다. 책 한 권을 요약하고 사장의 의견을 단 메시지였다.

이메일 경영으로 사장도 직원들과 가까운 사람, 늘 함께하는 사람이라는 것을 알려주고 싶었다. 아침마다 기다려지는 메일로 조직의 팬을 확보하라. 조직원에게 자부심과 친근함, 격려라는 선물을 동시에 안겨줄 수 있을 것이다.

- 마케팅은 사람에 대한 사랑에서 시작한다

- 별명은 가장 좋은 브랜드다

- 제품에 감정을 담아라

- 가격은 가장 어려운 전략이다

- 프로모션은 화려하다

- 마케팅은 유통에서 꽃 피운다

- 마케팅은 시스템이다

10

넓은 마케팅에 눈을 뜨자

마케팅을 보는 새로운 시각

마케팅은 기술이라기보다 마인드다. 사람을 보는 생각, 사업을 보는 시각이다. 마케팅 마인드를 갖게 되면 사업을 보는 눈이 달라지고 조직을 보는 관점이 달라진다. 사고의 폭이 넓어지고 생각이 풍성해져 영역의 한계가 없어진다. 자유롭게 여기저기를 넘나든다. 그래서 나는 경영혁신도 마케팅의 관점으로 보았다. 신규사업도 마케팅의 관점으로 보았다. 교육도 마케팅의 관점으로 보면 된다. 임팩트(Impact), 차별화(Differentiation), 퀄리티(Quality), 가치(Value)등 마케팅의 강조 요소들이 그대로 적용된다. 마인드를 넓혀도 핵심은 사람이다. 사람을 가운데 놓고 사람에 집중하면 안 보이던 것이 보인다. 마케팅력은 마인드력이다. 마인드를 넓혀 제품, 브랜드, 유통, 프로모션 전략을 짜자. 마인드를 넓혀 생각을 마케팅하고 세상을 마케팅 하자.

당신이 만들면 다릅니다

마케팅은 사람에 대한 사랑에서 시작한다

사람에 대한 애정 없는 마케팅은 어렵다.

마케팅은 사람을 사랑하는 데서 시작한다. 마케팅에 들어있는 마켓(market)이란 단어는 원래 사람을 의미한다. 사람이 필요로 하는 것, 사람이 원하는 것이 시장이다. 사람이 원하는 것, 필요로 하는 것을 해결해주고 대가를 받는 것이 마케팅이다. 사람이 원하는 것, 필요로 하는 것은 물질도 있고, 서비스도 있고, 기분도 있다. 이것을 다른 사람보다 더 좋게, 더 싸게, 더 빠르게, 더 다르게, 더 만족스럽게 해결해 주기 위해 자기가 가진 모든 자원을 잘 배합하는 활동이 마케팅이다.

마케터는 사람을 깊이 알고 좋아해야 한다.

사람이 원하는 것, 필요로 하는 것을 찾아내는 일은 매우 어렵다. 잘 가르쳐 주지도 않고 때론 자기 자신이 무엇을 원하는지 잘 모르는 경우도 많다. 그것은 사람에 대한 애정을 갖고 사람 속으로 들어가야만 알 수 있다. 조사 회사를 통한 마케팅 조사는 사람의 윤곽을 파악하는 정도다. 단지 행동이나 생각의 겉모습을 파악하는 것에 불과하다. 그러나 대부분의 사람은 겉과 속이 다르다. 그렇기에 사람은 머리로 아는 것이 아니라 가슴으로 알아야 한다. 말없이 통하고 눈빛만 보아도 뜻을 아는 사이가 돼야 한다. 그래야 전략이 나온다.

계속 이기는 전략

마케터는 해결사다.

그의 손을 거치면 안 되는 일이 없다. 버려진 자재가 살아나고, 노는 공장이 꿈틀 댄다. 마케터는 고객과 회사를 연결시켜 가치를 창출하는 사람이다.

마케터는 13척의 거북선으로 300척의 왜군을 물리친 이순신 장군과 같다.

쓸 수 있는 자원이 거북선 13척 밖에 없었기 때문에 그것으로 이겨야 했다. 이기기 위해 적군을 연구하고 환경을 내 편으로 만들었다. 적함이 한꺼번에 공격할 수 없도록 좁은 골목으로 유인했고 울돌목의 빠른 물살을 이용했다. 마케터 역시 사내에 있는 자원을 갖고 문제를 해결해야 한다. 바다의 조류, 바람, 적함의 성능, 적장의 생각까지 모두 알아야 한다. 23전 23승 연전연승해야 하는 것까지 똑같다. 마케터는 한 번 이기는 것이 아니라 계속 이겨야 한다.

마케터는 단기 돌파력이 약하고 변칙 플레이를 하지 못한다. 그래서 환경 변화가 심하고 생사의 고비를 넘나들어야 하는 상황에서 마케팅 출신은 답답한 경영자일 수 있다. 위기의 기업에는 마케팅 출신 경영자가 적합하지 않을 수도 있다. 왜냐하면 마케팅은 소비자를 움직여야 하는데 소비자는 단기적으로 움직여지지 않기 때문이다. 소비자는 의욕만 앞세워 밀어붙인다고 딸려 오지도 않는다. 진심을 가지고 끈기 있게, 끈질기게 쉬지 않고 다가가야 따라온다. 마음을 열지 않은 행동은 곧 꺼질 등불과 같다. 지금은 마케팅 출신 사장들이 많이 나오고 있다. 그만큼 기업이 정도경영을 하고 있다는 증거다.

마케터는 사람을 끌어 모으는 사람이다

마케터는 고집이 세다.

제품의 성공을 최종 책임지는 사람이기 때문이다. 보이지 않는 것을 읽고 미래를 이끌어가야 하는 사람이기 때문이다. 물론 마케터가 설득력이 뛰어나거나 시장 감각이 있는 상사를 만날 때도 있다. 그러나 현실에서는 그렇지 못한 경우가 대부분이다. 그렇기에 훌륭한 마케터는 흔들리지 않고 추진할 수 있는 소신이 있어야 한다. 마케팅에 대한 평가는 의외로 빨리 나온다. 신제품을 출시하면 시장에서 반응이 나오고 광고, 프로모션, 이벤트를 하면 바로 유통에서 반응이 나온다. 그 모든 결과가 데이터로 나오기 전에 마케터에게는 느낌이 온다. 성공 여부는 마케터 본인이 바로 잘 안다.

마케터는 사람을 끌어 모으는 사람이다.

우선 소비자를 끌어 모으고 유통을 끌어 모아야 한다. 전략을 추진하기 위해서 많은 외부 마케팅 회사를 끌어 모아야 한다. 조사 회사, 광고 회사, 디자인 회사, 판촉 회사, 언론 매체, 인쇄 회사, 포장재 회사 등의 도움을 받아야 한다. 좋은 광고를 만들기 위해서 AE는 물론, 카피라이터, 감독, 모델, 사진작가 등과도 교류해야 한다. 회사 내에서도 마찬가지다. 연구 개발, 생산, 구매, 디자인, 판매, 관리, 홍보, 교육 등 협조받을 사람들이 너무 많다. 그런데 돈만 준다거나 회사 내 업무 분장이 되어 있다고 해서 사람이 움직이는 것이 아니다.

몸을 움직이게 하는 것과 마음을 움직이게 하는 것은 결과가 크게 다르다. 마음은 사람에 대한 애정, 신뢰, 믿음이 있을 때 움직인다. 서로 주고받는 것이 있을 때 움직인다. 무언가 서로 배울 것이 있을 때 움직인다. 업무를 넘어서는 인간적인 매력이 있을 때라야 비로소 마음이 움직인다. 마케터는 사람에 대한 애정을 갖고 사람 속으로 들어가 가슴으로 아는 사이가 돼야 한다. 그래서 마케터의 주변에는 사람, 특히 마음으로 따라오는 사람이 들끓어야 한다.

별명은 가장 좋은 브랜드다

얼마 전 50년 만에 중학교 동창을 만났다. 그런데 얼굴은 물론 이름조차 기억이 희미했다. 아마 친구도 그랬을 것이다. "나, 돼지야!" 내가 먼저 말했더니 "어! 나, 짱구야!" 친구가 말했다. 그제야 생각이 났다. 50년을 뛰어넘어 중학교 시절 대영빵 선생님을 모시고 청평에 놀러 갔던 일도 떠오르고, 함께 공부하던 2학년 6반 교실도 생각났다. 그러고 다시보니 지금 얼굴에서도 50년 전의 흔적을 찾을 수 있었다. "그래, 짱구구나!" 우리는 반갑게 인사했다. "옛날이나 지금이나 똑같네." 퉁퉁한 내 모습을 보고 짱구가 말했다.

학창 시절 별명은 주로 겉으로 보이는 대표적인 모습에서 힌트를 얻어 자연스럽게 만들어졌다. 짱구, 돼지, 깡통, 뚝배기, 해골, 영감 등이 지금도 생각나는 중학교 친구 별명이고, 대영빵, 꼬마 체육, 색시, 고구마 등이 우리끼리 부르던 선생님 별명이었다. 지금 생각해도 별명을 잘 붙였다. 이름은 다 잊었는데 별명을 들으면 그 모습이 그대로 생각난다.

짱구는 몸에 비해 머리가 큰 친구에게 붙인 별명이다. 몸집이 뚱뚱한 짱구는 없었다. 키는 크지 않아도 됐지만 짱구는 비교적 공부를 잘 했다. 공부 못하는 짱구는 얼마 못 가서 그 별명이 사라졌다. 짱구는 엉뚱한 짓도 곧잘 했고 가끔은 말썽도 부렸지만 공부를 잘했기 때문에 선생님들이나 친구들이 잘 봐주었다. 어떤 면에서 보면 짱구는 공부는 잘했지만 만능은 아닌 평범한 아이다. 공부 외에 힘이 센 것도, 운동을 잘 하는 것도, 노래를 잘 하는 것도 아니었다. 그래서 짱구는 누구에게나 부담이 없었고 그래서 인지 친구가 많았다. 아마도 내 친구 '짱구' 뿐 아니라 전국의 모든 '짱구' 들이 그럴지 모른다.

50년 전 친구의 별명 '짱구'는 훌륭한 브랜드다. 50년 전의 기억을 살려내고, 가까운 끈으로 연결시켜준다. 별명은 그의 특징을 잘 나타내고 있다. 외모만이 아니라, 그의 인격, 능력, 행동거지도 암시한다. 말 한 마디에 그 친구의 성격, 인간성, 그와 얽힌 추억이 바로 살아난다. 바로 옛날로 돌아가 반말을 주고받을 수 있게 한다.

브랜드의 다양한 얼굴

브랜드는 이름이다. 그것도 다른 사람과 구별 짓는 이름이고 그 사람의 성격이 바로 나타나는 이름이다. 겉모습, 속모습 모두 보여준다. 자라나는 동안 추억이 담긴 이름이다. 그 속에는 나와 얽힌 추억도 있다.

브랜드는 돈으로 이어진다. 마케팅 활동의 최종 결과다. 브랜드는 사람들을 끌어 모은다. 구구한 설명을 안 해도 자기를 잘 드러낸다. 브랜드가 세일즈맨이자 대변인이자 홍보맨이다.

브랜드는 성장한다. 아기 때는 조심스럽게 키운다. 영양분도 주고 물도 주고 교육도 시킨다. 장래 진로도 정해 집중 투자도 한다. 아름다운 옷도 입히고 치장도 해준다. 그러다 청·장년 기에 들어서면 스스로 강력한 힘을 발휘한다. 성공한 브랜드가 되면 일가를 이끈다. 브랜드에 딸린 형제, 자매들은 물론 아들, 딸, 손자가 늘어나기도 한다. 이들이 잘되면 서로 도움이 되고 더 강력한 집안이 되지만, 잘못되는 가족이 있으면 가문의 명예가 더럽혀지기도 한다.

사람마다 역량이 다르듯 브랜드도 그릇의 크기가 다르다. 대가(大家)를 이루는 브랜드, 소가(小家)를 이루는 브랜드, 혼자서 고고한 빛을 발하는 브랜드도 있다. 그러나 많은 브랜드는 미처 피지도 못하고 죽어간다.

브랜드도 잘못된 음식을 먹거나 너무 혹사당하면 병이 든다. 브랜드에도 체력이 있어 자기 실력을 모르고 이것저것 너무 얹으면 견뎌내지 못한다. 나이가 어린 유년 브랜드일 땐 특히 조심해야 한다. 청년 브랜드 때는 웬만한 저항도 이겨낼 수 있는 힘이 있다. 그러나 한번 늙기 시작하면 되돌리기 어렵다. 그러므로 브랜드가 늙지 않도록 잘 관리해야 한다. 브랜드의 영양분은 제품과 서비스다. 브랜드는 제품과 서비스라는 자양분을 먹으면서 성장한다.

시장이 변하는 만큼 브랜드도 따라서 커야 한다. 브랜드는 정해진 수명이 없다. 하지만 브랜드는 항상 새롭고 항상 싱싱하며 항상 청년의 파워를 유지해야 한다. 그러면 영원히 성장할 수 있다. 좋은 브랜드, 명품 브랜드는 처음부터 태어나는 것이 아니라, 세상 풍파를 거치면서 커가는 것이다. 힘든 풍랑을 이겨 내고 생명을 건 싸움도 하면서 이름을 알리는 것이다. 미운 때, 고운 때가 쌓이면서 힘을 얻는다. 위기를 겪고 나면 브랜드는 한층 더 강해진다. 강한 브랜드와 맞붙어 싸워 이긴 브랜드는 무적의 용사가 된다.

브랜드는 이름만큼 실력도 있다. 그래서 사람들이 믿고 따른다. 그러므로 기대에 어긋나는 행동을 하면 안 된다. 브랜드는 살아 움직이고 스스로 팬을 갖고 있다. 팬들은 브랜드를 쫓아다닌다. 브랜드는 자기를 따르는 팬들과 함께 웃고, 함께 울고, 함께 즐긴다. 팬들과 얽힌 이야깃거리가 많고 추억이 있다. 그렇기에 브랜드는 팬들과 영원히 살아서 움직인다. 이렇게 브랜드는 다양한 얼굴로 마케터의 꿈을 대대로 이어간다.

제품에
감정을 담아라

　마케팅의 핵심은 제품 전략이다. 신제품은 매일, 매월, 매년 홍수처럼 쏟아져 나오고 매장의 진열대 확보 경쟁은 점점 치열해지고 있다. 신제품이 나오는 순간 어제까지 신제품이던 것이 순식간에 구제품이 되어 천덕꾸러기로 전락해버린다. 구제품은 할인 판매를 해도 팔리지 않고 브랜드 가치만 떨어뜨린다. 회사마다 제품 재고로 몸살을 앓고 멀쩡한 제품을 눈물을 머금고 폐기해 버리기도 한다.

　이렇게 쏟아지는 제품들 속에서 단지 제품만을 팔려고 해선 안 된다. 이제 제품을 팔던 시대는 지났다. 품질을 강조하고 기능을 자랑하던 시대도 지났다. 이미지를 팔던 시대도 지났다.

이제 단순히 브랜드만 갖고는 장사가 안 된다. 제품에 감정을 담아야 한다.

영원히 잘 팔리는 제품은 없다. 고객은 항상 떠날 준비를 하고 있다. 고객만큼 변덕스럽고 싫증을 잘 내는 존재도 없다. 자기 기분이 안 좋은 것을 제품 탓을 하며 화를 낸다. 그러면서 고객은 현명해졌다. 무수한 제품의 홍수 속에서 고객들은 아는 것이 많아졌다. 누구보다 똑똑해졌다. 모두 다 전문가다. 고객에게 얼렁뚱땅 판매하려 했다가는 큰코다친다.

제품도 공격적 전략을 펼쳐야 한다. 고객의 선택을 기다리는 것이 아니라 고객을 끌어 들여야 한다. 고객과 끊임없이 이야기를 나누고 고객과 함께 제품을 만들어야 한다. 제품에 고객에 얽힌 이야깃거리를 만들고 잊을 수 없는 추억거리를 심어주어야 한다. 고객들끼리의 화제에 제품이 끼어들어야 한다.

제품에도 영혼이 있다

그런 면에서 봤을 때 다니엘 핑크(Daniel Pink)가 《새로운 미래가 온다(A Whole New Mind)》에서 이야기한 미래 인재의 6가지 조건이 제품에도 적용된다. 미래 인재가 갖추어야 할 조건인 '디자인, 스토리, 조화, 공감, 놀이, 의미'가 제품에도 살아 있어야 한다.

고객을 움직이는 것은 이성이 아니라 감성이다. '디자인'은 고객의 감성을 자극하는 수단이다. '스토리'는 제품에 생명을 불어 넣는다. 스토리가 들어가면 무감각하던 제품이 나와 관계 있는 제품이 된다. '조화'는 어울리는 것이다. 제품은 혼자 있을 때보다 다른 제품과 어울리고 고객의 다른 생활 요소들과 어울릴 때 더 높은 가치를 발휘하게 된다. '공감'은 소통이다. 제품에 마음을 전달하는 요소가 담겨 있어 서로 마음을 주고받아야 한다. 제품에 소통을 중계하는 요소가 담겨 있어야 한다. '놀이'는 싫증을 느끼지 않게 해준다. 제품을 쓸수록 더 찾게 만들고 새로운 추억을 덧붙여준다. '의미'는 가치를 느끼게 해준다. 제품을 쓰는 명분을 확실하게 해준다. 의미가 있는 제품은 시간이 흐를수록 더욱 빛을 발한다.

이렇게 보면 사람과 제품은 그 특성이 같다. 제품에서 멋을 느끼고 이야기를 나누며 서로 함께 고민하고 즐기며 의미를 찾아야 한다.

이제는 고객의 문제를 물리적 제품만으로 해결하려하면 안 된다. 고객은 품질만으로, 기능만으로 만족하지 않는다. 더 좋은 기능의 제품은 끝없이 나오고 아무리 이상적인 제품을 만들어도 고객은 만족하지 않는다. 고객에게 품질이란 느낌이다. 자기에게 좋으면 좋은 제품이고 싫으면 나쁜 제품이다. 느낌이 오는 제품이 좋은 제품인 것이다. 품질은 필요조건이지 충분조건이 아니다. 느낌을 주는 요소 중에는 서비스도 있고 감성도 있다.

제품이 좋아지려면 고객과 네트워크가 구축되어 있어야 한다. 고객과 아는 사이가 되어야 한다. 고객이 손님이 아닌 주인이 되어야 한다. 고객의 생활에 끼어들거나 고객을 사업에 끌어들여야 한다. 자동차, 전자 제품의 애프터서비스, 화장품 사업의 피부 관리 모두 고객과 네트워크를 구축하는 수단이다. 정수기 회사, 복사기 회사가 렌탈 서비스로 매월 방문해 정을 쌓아가고, 카메라 회사가 사진 동호회를 만들어 함께 사진 찍고 전시회를 하며 추억을 공유하는 일들이 모두 고객의 생활에 끼어드는 일이다.

추억을 마케팅하라

농산품을 예로 들어보자. 지방자치제가 실시되면서 가장 변한 것이 농촌이다. 잘 사는 농촌과 못 사는 농촌이 너무 차이가 난다. 잘 사는 농촌은 상품을 변화시킨 것이다. 처음에는 쌀에 이천 쌀, 여주 쌀 등 지역 이름을 붙이는 단순한 발상에서 시작했다. 그러다 유기농 쌀, 검은 쌀, 현미 찹쌀 등 쌀을 특성화 시키며 가격을 높게 받았다. 쌀에 이야기가 들어갔다. 웬만한 농촌에서는 봄에 논에 오리를 푸는 유기농 경작을 이벤트화했다. 도시 사람들이 회비를 내고 오리를 사서 논에 넣어준다. 가을에 쌀로 받아간다. 도시락만한 모판을 아이들에게 나누어주기도 한다. 함께 농사를 짓는 것이다. 도시 사람이 몰려들다 보니 민박집도 만들고 펜션도 만들었다. 식당도 늘어 났다. 쌀뿐만 아니라 사과, 배, 딸기 과일도 이렇게 변화시켰다. 나비, 반딧

불, 하늘의 별도 상품으로 활용하고 있다. 농촌 체험이란 관광 상품, 교육 상품도 생겼다. 1차 상품인 농산품을 서비스 상품, 관광 상품, 교육 상품 등 감성 상품으로 변화시킨 것이다. 상품에 이야기를 담고 재미를 넣어 새로운 의미를 부여한 것이다. 사람들이 생활 속에 뛰어 들어가 함께 어울리는 분위기를 만들어 새로운 가치를 만든 것이다. 농산물을 여러 가지 판매 상품 중 하나로 만들었다. 판매 거리가 많아진 것이다. 분위기를 만드니 농산품에도 개성이 생기고 이야기가 붙었다. 그렇게 되니 가치가 올라갔다. 자연스레 네트워크도 생겼다. '농산품을 사라'는 것이 아니라 '놀러 오라'로 바뀐 결과다.

제품에 프로모션을 담고 유통을 담아 제품이 스스로 말을 하게 해야 한다. 제품이 가장 훌륭한 세일즈맨이고 사람은 보조자일 뿐이다. 제품이 가장 훌륭한 광고이고 TV는 보조 매체일 뿐이다. 광고가 쇼를 하는 것이 아니라 제품이 쇼를 해야 한다.

모든 제품은 진화한다. 처음에는 생활을 편리하게 해주는 물건으로 시작했지만 그 다음은 소통의 도구로 발전했다. 친구들 사이에서 제품은 신기한 이야깃거리를 만들어 주었다. 남이 사니까 나도 따라 사고 제품을 통해서 자기 자랑도 했다. 그러나 지금은 함께 즐기고 생활하는 동반자다. 딱 집어 무슨 도움을 받는지 말할 수 없는데 헤어질 수 없이 얽히고 설켜 버리는 것이다. 이렇게 고객에게 추억을 만들어 줄 수 있는 제품만이 영원히 살아남는다.

가격은 가장
어려운 전략이다

가격은 상품 가치의 종합이다.

가격 하나만 체크해 보면 브랜드력, 상품력, 마케팅력을 모두 알 수 있다.

비슷한 다른 상품보다 가격이 비싼 상품은 브랜드력, 상품력, 마케팅력이 있는 상품이다. 판매점별 판매 가격을 조사해 보면 유통 지배력을 알 수 있다. 어느 판매점을 가든지 똑같은 가격을 받고 있으면 유통 지배력이 강한 회사고 가격을 깎아 달라고 해도 깎아 주지 않으면 마케팅력이 강한 회사다.

가격 전략은 단순하지만 가장 어려운 의사 결정이다. 가격은 이익에 결정적인 영향을 미친다. 가격을 너무 비싸게 결정하면 판매가 안 되고 어떤 경우 유통에 진입조차 어렵다. 반면 가격을 너무 싸게 정하면 이익이 나지 않는다.

가격 전략은 경쟁력의 원천이다. 경쟁 상품과 가장 단순하게 비교되는 것이 가격이기 때문이다. 품질은 눈에 보이지 않지만 가격은 눈에 보인다. 소비자는 가격에 민감하다. 소비자 나름의 계산식이 있고 가격을 보는 눈이 있다. 반면에 기업의 이익은 가격에서 나온다. 모든 마케팅 자원은 가격에서 나오고 가격에는 경영의 모든 요소가 들어 있다. 가격은 화룡점정(畵龍點睛), 용 그림의 마지막 눈동자를 그리는 것과 같다. 눈동자를 그리는 순간, 용이 살아 움직이듯 가격을 정하는 순간 제품이 살아 움직인다. 가격은 마케팅 전략이 성공하기 위한 충분조건은 아니지만 필요조건이다. 아무리 품질이 뛰어난 제품도 가격 전략을 잘못 쓰면 마케팅은 실패한다.

가격 관리의 중요성

가격은 경직성이 있다. 한번 책정해 공표한 가격은 변경하기 어렵다. 올리거나 내리려면 많은 부작용을 감수해야 한다. 변경이 마음대로 되지도 않고 변경한 만큼 효과도 나타나지 않는다. 제품 가치보다 가격이 높으면 안 팔린다. 반면 제품 가치보다 가격이 너무 낮으면 소비자가 품질을 의심한다. 실제 제품 가치가 중요한 것이 아니라, 소비자가 인정하는 제품 가치가 중요하다. 그러므로 소비자가 잘못 알고 있는 부분이 없도록 가격을 알리기 전에 제품의 정확한 가치를 먼저 알려야 한다. 가치에는 이미지도 포함된다. 경쟁 제품과 비교해 가격 단위당 가치를 높이고, 제 값을 정하는 것이 중요하다.

가격은 가장 심플하게 제품을 설명하는 수단이다. 품질은 설명하기 어렵다. 눈에 보이는 특징이나 다른 상품과 확실한 차이가 있다하더라도 설명이 어렵다. 설명하는 데 비용도 많이 든다. 그러나 가격은 누구나 쉽게 이해한다. 가격에 따라 고객층이 정해져 있다. 소비자는 가격을 보고 쉽게 판단한다.

가격은 구매 범위를 제한하고 고객을 제한한다. 고객마다 선호하는 가격대가 있고 좀처럼 그 범위를 벗어나려하지 않는다. 그러므로 가격을 잘못 책정하면 고객을 놓친다.

가격은 관리가 어렵다. 양어장에서 기르다 물에 풀어 놓은 물고기와 같아 다시 잡아들이기가 어렵다. 한번 풀어 놓으면 혼자서 마음껏 돌아다닌다. 판매점이 널리 분포되어 있어 통제는 물론 커뮤니케이션도 쉬운 일이 아니다. 소유권도 판매점으로 넘어가 있어 가격을 높게 받든 낮게 받든 판매점 마음이다. 판매점 마다 나름대로 정책이 있어 박리다매도 있고, 고객 서비스 중심도 있다. 판매점마다 사정이 달라 자금이 부족하기도 하고 판매에 여유가 있기도 하다. 외상 거래도 있고 현금 거래도 있다. 고객마다 사정이 달라 단골 고객도 있고, 대량 구매 고객도 있다. 이런 상황에 따라 가격은 달라진다. 그래도 가격은 관리해야 한다.

가격보다 높은 가치를 만들어라

가격은 물처럼 높은 곳에서 낮은 곳으로 흐른다. 한 점포가 싸게 팔기 시작하면 인근 다른 점포도 따라서 싸게 판다. 한 지역이 싸게 팔면 다른 지역도 싸게 판다. 그러다 얼마안가 전국으로 확산된다. 싸게 팔면 판매점에는 마진이 없다. 마진이 없어지면 판매에 흥미가 없어지고, 판매에 흥미가 없어지면 열심히 안 판다. 결국은 제조업자가 추가로 가격을 할인해 주거나 또 다른 인센티브를 주어야 한다.

가격은 신뢰의 상징이다. 가격이 변하면 고객은 배신감을 느낀다. 가격 때문에 오랜 단골이 떠나는 경우도 많다. 판매점은 가격에 민감하다. 그래서 유통 관리의 핵심은 가격 관리다.

가격 전략에는 제품 전략은 물론 유통, 프로모션 등 모든 마케팅 전략의 요소가 들어간다. 품질과 가격이 부딪친다. 품질을 높이면 가격이 비싸져야 하고 가격을 낮추려면 품질 수준이 낮아져야 한다. 고객이 요구하는 품질 수준과 가격이 안 맞을 때 마케터는 고민한다. 그것은 회사의 능력이기도하다.

가격과 프로모션도 부딪친다. 프로모션은 돈이다. 프로모션을 강하게 하려면 가격을 올려야 하지만 가격이 소비자가 수용하는 범위를 벗어나면 올릴 수 없다. 가격과 유통도 부딪친다. 유통 마진을 많이 줄 것이냐 소비자 가격을 낮출 것이냐가 고민이다.

유통업체가 아닌 제조업체에서 가격을 싸게 해 성공하기는 어렵다. 제 값 받으면서 싸다는 느낌을 주는 것이 성공의 요체다. 가격보다 높은 가치를 만들어 가는 것, 가격 전략의 영원한 목표다.

프로모션은
화려하다

마케팅 전략 중 프로모션은 화려하다.

텔레비전, 신문, 잡지를 장식하는 광고, 매장에서 눈을 끄는 디스플레이, 소비자를 유혹하는 컨테스트, 각종 이벤트, 우편함을 열면 쏟아지는 상업용 인쇄물 모두 프로모션 활동이다. 무료로 주는 선물, 샘플, 행사 초대, 시식, 할인 판매, 세일, 덤, 한정 판매 모두 프로모션이다. 기사인지 광고인지 헷갈리는 여성 잡지의 화려한 홍보 페이지도 프로모션이다. 영업 사원들이 들고 다니는 판촉물, 증정품, 각종 시상, 교육, 행사 모두 프로모션이다.

소비자들은 프로모션을 통해 제품을 만나고 프로모션을 통해 제품의 이름을 알고, 효능을 알고, 이미지를 느끼게 된다. 텔레비전을 켜면 광고의 홍수다. 웃기는 광고, 화면이 시원한 광고, 매력적인 탤런트가 돋보이는 광고도 있다. 그러나 대부분 뭐가 뭔지 모르겠는 광고들 천지다. 기다리는 뉴스나 드라마에 방해돼 짜증만 날 뿐이다. 그러나 그 속에서도 광고를 보고 그 브랜드를 기억하는 사람이 생긴다. 아침 신문에 따라오는 광고 전단지도 마찬가지다. 대부분 보지도 않고 버려 재활용 쓰레기만 늘린다고 생각한다. 그러나 아무도 안 볼 것 같은 전단지를 돌렸을 때와 안 돌렸을 때의 판매 차이는 크다.

고객과 연결시키는 중매인

프로모션은 돈이다. 광고는 얼마나 많은 사람들이 그 매체를 보느냐에 따라 가격이 정해진다. 텔레비전은 고객이 많이 보는 시간대에 따라 가격이 다르고 신문은 발행 부수나 많이 보는 지면에 따라 가격이 다르다. 판매 대상이 아닌 소비자가 보는 돈을 모두 지불해야 한다. 그래서 광고는 비싸다. 광고 이외의 프로모션은 하나하나는 비용이 적은 것 같지만 고객 당 단가는 광고보다 훨씬 더 많이 들어간다.

눈에 보이는 것은 모두 돈이다. 회사에서 프로모션 담당자는 가장 돈을 많이 쓰는 사람이다. 돈을 팍팍 많이 써야 표가 나고 소비자들 눈에 띈다. 프로모션에 대한 반응이 나타난다. 돈을 적게 쓰고 눈에 번쩍 띄게 하는 방법은 없다. 우연히 매스컴을 타는 행운은 있지만 그것은 어디까지나 예외다. 돈을 많이 쓰고 소비자들 눈에 띄면 성공이다. 그러나 대부분의 상품은 돈을 많이 쓰고도 눈에 띄지 못한다.

프로모션은 중매인이다. 제품 전략, 가격 전략, 유통 전략은 프로모션을 통해 소비자를 만난다. 프로모션은 신랑, 신부를 서로 소개해서 결혼시키는 중매인과 같다. 중매인을 잘 만나야 결혼이 성사된다. 결혼을 전제로 소개했는데 성사가 안 되면 서로 서먹서먹하고 오히려 안 만난 것만 못하다. 거짓말쟁이 중매인을 만나면 결혼을 하고 나서도 결혼 생활이 순탄하지 못하고 심한 경우 헤어지기도 한다. 중매인은 서로 궁합이 맞는 사람을 찾는 것이 중요하다. 생활 환경이나 수준도 맞춰야 한다. 잘 맞는 상대라도 설명을 잘 해야 한다. 서로 초점을 잘 맞춰 어떤 장점을 내세울지 잘 판단해야 한다. 포인트만 잘 잡으면 의외로 쉽게 성사된다.

이기적으로 프로모션하라

프로모션은 효율성이 중요하다. 많은 비용, 다양한 매체, 무궁무진한 방법이 있기 때문이다. 돈을 많이 써도 제대로 길을 못 찾아 고객을 못 만나는 경우도 있다. 또는 고객을 만나더라도 제대로 못 알아 보는 경우도 있다. 고객과 말이 안 통하고 생각이 다르기 때문이다. 프로모션은 상대적이다. 내가 잘 해도 상대방이 더 잘하면 그 쪽으로 쏠린다. 고객이 선입관을 갖고 있으면 내 이야기는 들리지 않는다. 그래서 프로모션은 목표가 뚜렷하고 심플해야 한다. 철저히 고객 입장에서 생각해 한 가지만 잡으려 해야 한다. 이것 저것 좋은 것 다하려는 것이 가장 미련한 방법이고 돈을 버리는 지름길이다.

프로모션은 혼자서는 할 수 없다. 돈만 있다고 프로모션이 되는 것이 아니고 돈을 많이 쓴다고 성공하는 것도 아니다. 우선 제품에 이야기 거리가 있어야 한다. 제품이 프로모션 소재를 제공하고 그것에 유통이 보조를 맞춰야 한다. 제품에 특징, 차이, 시선을 끄는 요소가 있어야만 프로모션이 재능을 발휘할 수 있다.

프로모션은 바람을 잘 타야 한다. 불어오는 순풍에 배를 띄워 노를 저으면 조금만 저어도 빠르게 잘 나간다. 그러나 맞바람을 맞으며 바람을 거슬려서 노를 저으면 힘만 들고 앞으로 나가지 않는다. 가도가도 제자리일뿐 돈만 쓰고 제품에 지쳐 버리고 만다. 그러므로 프로모션에 성공하려면 바람을 잘 연구해야 한다. 바람은 유행, 트랜드, 관심사다.

프로모션은 꿈이다. 그것도 화려한 꿈이다. '꿈은 이루어진다'고 믿고 투자를 하지만 이루어지는 꿈보다 이루어지지 않는 꿈이 더 많다. 마치 꿈 속에 꾼 꿈 같다. 꿈이 이루어지려면 제품 자체가 능력을 갖고 있어야 한다. 능력이 없는 제품에 꿈을 꾸고 바람을 불어 넣은 것은 위험한 착각이다. 조난 당하기 딱 좋다.

　프로모션을 시도 했으면 반드시 성공해야 한다. 성공을 확신하고 추진해야 한다. 그렇지 않으면 피해와 후유증이 너무 크다. 그러므로 프로모션은 철저히 계산하고 시작해야 한다. 지독히 이기적으로 따지고 또 따져서 꿈을 돈으로, 꿈을 현실로 바꿔야 한다.

마케팅은 유통에서
꽃 피운다

마케팅 전략 중 가장 힘든 것이 유통 전략이다.

프로모션 전략은 돈만 있으면 가능하다. 제품은 질이 문제지 무엇이든 나온다. 가격도 효과가 문제지 실행하는데 어려움은 없다. 그러나 유통은 전략을 제대로 세우지 못하면 당장 진행이 안 된다. 실제 판매를 좌우하는 것은 유통 전략이다.

유통을 구축하는 것은 시간도 많이 걸리고 돈도 많이 드는 힘든 일이다. 그렇지만 브랜드력이 있는 제품이거나 프로모션을 강하게 할 경우 유통은 쉬워진다. 기존 제품의 유통이 있는 회사나 과거에 성공 사례가 있는 회사는 유통이 쉽다. 그만큼 유통에선 쌓아놓은 신뢰가 중요하다.

유통은 다른 업자를 투자에 끌어 들이고 마케팅에 참여시키는 것이다. 시장에 좋은 제품은 넘쳐 흐르지만 잘 팔리는 제품은 많지 않다. 그래서 유통업자는 돈이 벌린다 싶으면 투자를 하고 가능성이 적다고 판단되면 투자를 안 한다. 유통업자는 제품을 매입하는 순간부터 비용이 발생하기 때문에 매입에 신중할 수밖에 없다.

영원한 아군은 없다

유통은 구축하는 것은 힘든데 무너지는 것은 한순간이다. 가격 전략 한번 잘못 쓰면 탄탄하던 유통이 무너진다. 유통 경로 간의 마찰을 잘못 조정하면 주력 유통이 무너진다. 실패한 신제품의 마무리를 잘못해도 유통은 무너진다. 유통에 영원한 아군은 없다. 언제나 먹이를 찾아 이동할 준비가 돼 있는 초원의 포식 동물과 같다. 결국 유통을 끌어 들이려면 항상 먹이를 준비하는 수밖에 없다.

유통에 대한 영향력과 비용은 비례한다. 비용을 많이 들이면 유통이 여러 역할을 해주도록 영향력을 행사할 수 있다. 반대로 비용을 줄이면 커뮤니케이션, 프로모션 채널로서 영향력은 행사할 수 없다. 어떤 유통 시스템을 가져 가느냐도 영향력과 비용의 상관 관계 속에서 결정된다.

가장 강력한 유통은 제조업자가 소비자와 직접 거래하는 직판이다. 그러나 직판 역시 상당한 시스템을 구축하기 이전에는 비용을 감당하기 어렵다. 실제로 마케팅 비용 중 가장 많이 드는 것이 유통 비용이다. 판매 마진, 수수료, 유통 판촉 비용, 물류 비용, 제품 폐기 비용 등이 모두 유통 비용이다.

가격이 무너지면 유통은 무너진다. 유통 지배력은 제품의 확산, 디스플레이와 함께 가격 관리력이다.

유통 마찰이 유통을 붕괴시킨다. 제조업자는 소비자에게 가급적 많이 노출돼야 판매 기회가 생기기 때문에 많은 유통 채널을 원한다. 그러나 유통업자 입장에서 보면 다르다. 새로운 채널은 다른 채널의 경쟁자일 뿐이다. 그러므로 새로운 채널을 확보하려고 주력 채널을 무너뜨리는 어리석은 짓은 하지 말아야 한다. 오히려 자기 브랜드력, 유통 지배력을 잘 알고 다각화 전략을 써야 한다.

제품에 숨을 불어넣는 유통

프로모션은 '푸시(push)'와 '풀(pull)'의 균형을 맞추어야 한다. 유통에 제품을 확산 시키는 전략이 '푸시 전략'이고 소비자가 제품을 스스로 찾아와 사가도록 유도하는 전략이 '풀 전략'이다. 아무리 제품을 유통에 많이 확산해 놓아도 소비자가 찾지 않으면 소용 없다. 반대로 소비자들이 제품을 사고 싶어도 파는 곳이 없으면 소용 없다. 일반적으로 유통력이 강한 회사는 '푸시 전략'을 먼저 쓰고 '풀 전략'을 나중에 쓴다. 그것이 프로모션 비용의 낭비가 없는 효율적인 전략이다. 그러나

‘푸시 전략’을 담당하는 영업에서는 먼저 ‘풀 전략’을 써주기를 원한다.

제품은 특색 있는데 유통이 약한 경우는 무(無)점포 유통을 활용하면 부담이 적다. 대표적인 무점포 유통이 홈쇼핑, 인터넷 판매, 방문 판매다. 다른 사람의 채널을 활용하면 되므로 쉬워보이지만 무점포 유통에 진입하려면 제품 컨셉이 독특해야 한다. 즉 소비 트랜드에 맞거나 유행을 타거나 감성을 자극하는 요소가 있어야 한다. 쉽게 말해 충동 구매가 가능한 제품이어야 한다.

유통을 프랜차이즈화하면 대성공이다. 직판 다음으로 가장 강한 영향력을 행사할 수 있는 방안이다. 이것은 유통업자와 공동으로 사업을 경영하는 것이나 같다. 그러나 이때도 상당한 브랜드력이나 상품력을 갖춰야 한다.

유통은 마케팅의 제일 마지막 단계 같은데 사실은 마케팅의 첫 단계가 되어야 한다. 유통은 소비자의 대표이고 정보가 집결되는 곳이다. 유통업자는 마케팅 담당자 이상으로 시장을 읽는 능력이 있으므로 초기 컨셉 설정 단계 때부터 참여시키는 것이 현명한 방법이다. 컨셉은 제품으로도 표현되지만 유통을 통해서도 표현될 수 있다. 디스플레이는 물론 현장 샘플링, 제품 시현, 설명이 모두 제품의 한 구성 요소가 되어야 한다. 살아있는 제품을 만들려면 유통을 장악해야 한다.

마케팅은
시스템이다

마케팅은 시스템과 크리에이티브가 조화를 이루어야 한다. 크리에이티브는 차별성, 독특성으로 소비자의 눈길을 끌어당긴다. 시스템은 마케팅의 품질을 보증하고 코스트를 줄여준다. 또한 어느 정도 수준 이상의 마케팅 전략이 나오게 해준다.

이상적인 마케팅 수준을 100이라고 가정한다면 시스템은 80 이상의 마케팅 품질이 나오게 한다. 80에서 100에 이르는 20은 크리에이티브의 영역이다. 그러나 우리가 흔히 보는 마케팅은 80을 넘지 못한다. 경험이 축적되어 있지 않기 때문에 사람에 따라, 제품에 따라 결과가 들쭉날쭉하다. 시스템화 되어 있지 않기 때문이다. 어쩌다 가끔 시스템화 되어 있지 않아도 히트 상품이 나오는 경우가 있는데 바로 크리에이티브가 뛰어났기 때문이다. 관리가 손에 잡히는 작은 규모에서 가능하다. 그러나 한 번 히트가 아닌 지속적인 히트로 몰고 가려면 시스템화 되어야 한다.

시스템은 기능이 유기적으로 연결되어 자동으로 돌아가는 것을 말한다. 의사 결정을 단순화시키고 자동화시키는 것이다. 방향을 분명히 하고 정보를 공유하고 있어 일선 담당자들이 1단계 의사결정으로 끝내도 일관성 있고 조화로운 훌륭한 전략이 나오는 것을 말한다.

시스템은 마케팅의 질을 높여준다

시스템은 마케팅부터 연구 개발, 구매, 생산, 판매 기능이 유기적으로 연결되어 있어야 한다. 마케팅 조사부터 상품 기획, 디자인, 포장, 가격, 유통, 프로모션 등 마케팅 기능이 동시에 움직이어야 한다. 조사, 기획, 비교, 결정, 실행, 평가의 사이클이 자동으로 돌아가야 한다. 그것도 이러한 기능들이 한 단계 끝나고 다음 단계로 옮겨가는 것이 아니라 동시에 움직여야 한다. 시스템은 기능별로 시차를 두고 진행하는 것이 아니라 동시 진행하게 만드는 것이다. 시스템화 되면 계속 수정하고 보완해도 부담이 적다. 그래서 낮은 코스트로 높은 품질의 전략을 추진할 수 있다.

정보가 달라지면 크리에이티브가 달라진다. 크리에이티브는 상품 기획이나 프로모션에만 있는 것이 아니라 연구 개발, 생산, 구매, 물류, 영업 모두에 있다. 마케팅 조사정보는 동시에 각 기능으로 전달되어야 한다. 그래서 상품 기획에서 구체적 콘셉트가 안 나와도 조사정보만으로 방향을 잡을 수 있다. 상품 기획에 의견도 제시할 수 있다. 제품 콘셉트도 계속 보완할 수 있다. 제품 개발에도 마케팅의 의견만 들어가는 것이 아니다. 구매, 생산, 영업의 의견이 반영된다. 일을 진행하면서 계속 보완할 수 있다. 그래서 결국 시스템은 혼자 하는 것보다 기획의 질을 높여 준다. 히트 아이디어는 엉뚱한 곳에서 엉뚱한 사람에게서 나올 수 있다. 많이 생각한 만큼 여럿이 생각한 만큼 마케팅의 질은 좋아지고 히트 가능성은 높아진다.

시스템은 컨트롤 기준이 있어야 한다. '고(Go)'와 '스톱(Stop)', 즉 마음껏 재량을 발휘할 수 있는 범위와 하면 안 되는 것이 명확해야 한다. 제품 콘셉트에 대한 수용도를 조사했다면 'Go, Stop' 결정이 자동으로 내려져야 한다. 신제품 품질 평가를 했다면 'Go, Stop' 결정이 자동으로 내려져야 한다. 컨트롤 기준은 마케팅 방침과 과거 통계를 토대로 만들면 된다.

'컨트롤'과 '크리에이티브'의 조화

특히 마케팅 시스템은 컨트롤 영역과 크리에이티브 영역의 구분이 명확해야 한다. 이익을 만드는 원천은 컨트롤 영역이다. 품질, 비용, 이익, 타상품에 미치는 영향, 이미지 등이 여기에 해당 된다. 나머지는 크리에이티브 영역이다.

마케팅 시스템에는 반드시 정보 시스템이 뒷받침돼야 한다. 좀 더 넓은 시야의 마케팅 프로세스가 정립되어 있어야 한다. 마케팅에 영향을 미치는 요소는 의외로 다양하다. 예를 들어 시간의 경우도 그 영향력이 아주 짧은 경우도 있고, 아주 장기적인 경우도 있고 다양하다.

마케팅 시스템의 핵심은 커뮤니케이션과 의사결정 시스템이다. 커뮤니케이션은 최대한 빠르고 넓게 공유하되, 의사결정은 해당 부서 담당자에게 위임하는 것이다. 그럼으로써 경험이나 기분에 의한 감각적 의사결정을 하는 것이 아니라 통계에 의한 과학적 의사결정을 하는 것이다. 그러나 의사결정을 할 수 있는 마케팅 통계, 데이터를 모으는 것은 쉽지 않다. 결국 많은 부분에 사람의 판단이 들어가야 한다. 그래서 폭넓은 정보 공유가 필요하고, 자료와 판단력을 '업그레이드' 시키기 위한 평가가 중요하다.

시스템 자체도 관리해야 한다. 환경 변화나 마케팅 능력의 향상과 함께 시스템 자체를 '업그레이드' 해야 한다. 시스템 자체를 계속 평가하고, 마케팅 데이터를 계속 축적하고, 마케팅 성과를 계속 측정해 놓아야 한다. 특히 관료주의, 보수주의, 관행의 늪에 빠지지 않도록 경계해야 한다. 신속히 추진하되 크리에이티브가 발휘될 수 있어야 한다.

시스템을 기준으로 운영하되 예외도 수용할 수 있어야 한다. 마케팅 전략에도 경영적 판단, 정치적 판단이 필요할 때가 있다. 빨리 뜨는 상품도 있고, 늦게 뜨고 오래가는 상품도 있다. 그 상품 자체의 시장성은 약하지만 다른 상품이나 사업을 도와주는 상품도 있다. 판매는 적지만 이미지를 올려 주는 상품도 있다. 마케팅 조직은 자유롭고 다양하면서도 질서가 있어야 한다.

이상에서 살펴본 바와 같이 마케팅 시스템은 여러 조직을 유기적으로 연결해 자동으로 돌아가게 함으로써 경험이 없는 사람이 마케팅을 하더라도 일정 수준의 품질을 보장해주고 비용을 관리해준다. 게다가 정보력으로 무장해 빠른 커뮤니케이션과 과학적 의사결정을 가능하게도 해준다. 즉, 시스템을 강화하면 마케팅이 강해지고 효율성을 발휘하는 것이다. 성공적인 마케팅을 위해서는 인적자원은 물론 체계적인 시스템을 구축해야 한다.